大都會文化
METROPOLITAN CULTURE

大都會文化
METROPOLITAN CULTURE

Life Wisdom
有一種財富叫
智慧
2

前言

分享一則小故事：

企業家坐在餐廳的角落裡，獨自喝著悶酒。一位熱心人走上去問道：「您有什麼難題不妨說出來，我也許能幫助您。」

企業家看了他一眼，冷冷地說：「我的問題太多了，沒有人能夠幫我的忙。」這位熱心人立刻掏出名片，要企業家明天到他的辦公室一趟。

第二天，企業家依約前往。這位熱心人說：「走，我帶你到一個地方。」企業家不知道他葫蘆裡賣的是什麼藥。

熱心人用車子把企業家帶到荒郊野外的墓地。兩人下了車後，熱心人指著那些墳墓對企業家說：「你看看吧，只有躺在這裡的人才統統是沒有問題的。」

企業家恍然大悟。

只有死了的人才沒有問題。成功旅途中只要有問題，就有成功的希望；只要敢於正視和解決問題，成功就有可能。

本書精心摘錄的一篇篇小故事，都蘊含著做人的智慧，而這些智慧都是我們人生旅程上一筆無形的財富，它能讓我們思想豐富、心態健康、處事正確，最終成就完善的自我。

目錄

第三章　相信自己，創造奇蹟

第四章　成功的關鍵

不要做被燙過的猴子／你能成為什麼／想像身後有條狼／索取的成為乞丐

永遠不做大多數　195

敢於突破經驗／不破不立／這才是真正的淘金人／創造機會／不要變成別人的「複製品」／泥濘的路才能留下腳印／為自己創造機會／向你的敵人敬杯酒　／別只把自己當作是鴨子

生命的智慧　206

讀懂上帝的三封信／每個日子可能都是末日／世界末日你在做什麼／只有今天屬於你／安逸是災難來臨的前兆／沒有永遠的冠軍／什麼是最好的醫生／不要怕，不要悔／永遠只吃七分飽／信念使得世界永存／那隻手可能會害了你／比金子還貴重的東西／列一張生命的清單／如此把玩生命／與死亡有個約會

第一章

快樂是最耀眼的財富

你今天心情不好嗎

很好，這是件好事

很久以前，有個國王非常信任自己手下一位充滿智慧的大臣。這位大臣的口頭禪是：「很好，這是件好事。」

有一天，國王在擦拭寶劍時，不小心將自己左手的小指頭割斷了，智慧大臣聞訊趕到皇宮。見到國王正在包紮鮮血淋漓的左手，智慧大臣的口頭禪又來了：「很好，這是件好事。」國王的傷口正疼得厲害，聞言頓時大怒，下令將他關進大牢。智慧大臣仍然說：「很好，這是件好事。」

幾個月後，國王到森林裡狩獵。國王著迷於追逐一隻羚羊，無意間竟然穿越了國界，進入食人族的地盤。食人族將國王及隨從的大臣全都抓了起來。見到國王服飾華麗，巫師便決定用國王來獻祭。正要舉行祭禮的時候，巫師突然發現國王的左手少了一根小指頭——根據食人族的規矩，肢體不健全的人是不能用來獻給祖先的。當下酋長大怒，將國王逐了出去。而那些跟隨的大臣，一個也沒有活著回來。

九死一生的國王回到宮中，想起了智慧大臣的話，連忙下令將大臣從牢裡釋放出來。國王深覺從前智慧大臣所說的話頗有道理，就真誠地向他道歉。智慧大臣還是那句口頭禪：「很好，這是件好事。」

國王說：「你說我少了小指頭是件好事，我相信。但是我關了你這麼久，讓你受了這麼多苦，難道對你也是件好事？」智慧大臣笑著點點頭：「當然是件好事！如果我不是在牢裡，一定會陪您去打獵，那麼我今天就回不來了。」

Life Wisdom

無論遇到什麼事情，只要保持積極的心態，一切都會苦盡甘來。每件事都有其兩面性的看法，是好，是壞，都在於你自己。

讓心情永遠十八歲

一次在聽來自香港美容師的美容講座時，那位語氣輕柔、滿臉笑容的美容師頗得大家的好感。在講座中，她提了這樣一個問題：「請在座的各位猜一下我的年齡？」

室內氣氛頓時活躍了起來，有的說「三十二歲」，有的猜「二十八歲」，結果，統統被那位美容師微笑著搖頭否認。

「現在，我來告訴大家，我只有十八歲零幾個月。」

室內譁然，繼而，發出一片不信任的驚詫聲。

「至於這零幾個月是多少，請大家自己去衡量吧，也許是幾個月，也許是幾十個月，或者更多，但是我的心情只有十八歲！」美容師接著說。

原來她採用的是心情美容法！

Life Wisdom

如果一個人的心情是憂鬱的，那麼再昂貴的化妝品也掩飾不住她的滿臉愁雲，再高超的美容師也無法撫平她緊鎖的眉頭。反之，心情是快樂的，即使是素顏，也會顯示出她的柔美和年輕。

把握好你心中的天氣

有位老太太生了兩個女兒，大女兒嫁給了雨傘店老闆，小女兒當上了洗衣作坊的女主管。每逢遇上下雨天，老太太就擔心洗衣作坊的衣服晾不乾；每逢遇上晴天，老太太就怕傘店的雨傘賣不出去。於是老太太整天憂心忡忡，日子過得十分憂鬱。

後來，一位聰明人告訴她：「老太太，您真是好福氣！下雨天，您大女兒家生意興隆；晴天，你小女兒家顧客盈門。哪一天您都有好消息啊！」

Life Wisdom

天還是老樣子，只是腦筋變了變，生活的色彩竟然煥然一新。你對事情的認知取決於你心中的天氣。

擔心不如寬心

小明洗澡時不小心吞下一小塊肥皂，他的媽媽慌慌張張地打電話向家庭醫生求助。醫生說：「我現在還有幾個病人在，可能要半小時後才能趕去。」

小明的媽媽說：「在你來之前，我該做什麼？」

醫生說：「給小明喝一杯白開水，然後用力跳一跳，妳就可以讓小明用嘴巴吹泡泡消磨時間了。」

Life Wisdom

放輕鬆，放輕鬆，生活何必太緊張。有些事，既然已經發生了，何不坦然自在地面對。有些事，擔心不如寬心，窮緊張不如窮開心。

繞著房子跑三圈

有個富人一生氣就跑回家繞著自己的房子和土地跑三圈。後來，他的房子越來越大，土地也越來越廣，而一生氣，他仍要繞著房子和土地跑三圈，哪怕累得氣喘吁吁、汗流浹背。當他已經很老了，走路都要拄著拐杖了，他生氣時還是堅持要繞著房子和土地轉三圈。

一次，富人拄著拐杖繞房子走到太陽下山了還在堅持，他的孫子怕他有閃失就跟著他。孫子問：「爺爺，您生氣就繞著房子和土地跑，這裡面有什麼原因嗎？」

富人對孫子說：「年輕時，我一生氣，就繞著自己的房子和土地跑三圈，我邊跑邊想：自己的房子這麼小，土地這麼少，哪有時間和精力去跟別人生氣呢？一想到這裡，我的氣就消了。氣消了，我就有了更多的時間和精力來工作、學習。」

孫子又問：「爺爺，您年老了，成了巨富，為什麼還要繞著房子和土地跑呢？」

富人笑著說：「老了，生氣時，我繞著房子和土地跑三圈，邊跑我就邊想：我房子這麼大，土地這麼多，又何必跟人斤斤計較呢？一想到這裡，我的氣就消了。」

Life Wisdom

其實任何事都不會使你生氣，惹你生氣的其實是你的想法。你可以讓自己快樂，也可以讓自己痛苦，這些都是你自己的選擇。

學會收集快樂

他曾是日本最大零售集團八百伴的總裁。當他七十二歲時，突然遭到了致命的打擊——他苦心經營的集團倒閉了。一夜之間，他從一位國際知名企業家變成了一文不名的窮光蛋。有人以為他從此將一蹶不振，窮困潦倒餘生。可是出乎人們意料，他很快就調整了心態，又和幾個年輕人辦起了一家網路諮詢公司。

他成了商界的不倒翁，他的名字叫和田一夫。後來有人問和田一夫為什麼能這麼快就調整心態，他說他靠的是兩大祕訣：一個是光明日記；一個是快樂例會。

原來，和田一夫從二十歲開始，就堅持每天寫一篇日記，與眾不同的是，他只撿快樂的事情記，他把這種日記叫「光明日記」。此外，他每個月都要召集一次例會，要求所有與會者在談工作之前，必須用三分鐘時間向大家講述自己本月內最快樂的事情，他把這種例會叫「快樂例會」。

Life Wisdom

快樂只鍾情於有心人——它常常散落於人生的每一天，生活中的每一個角落，稍不留意，就會與我們擦肩而過。所以，快樂也需要我們提著籃子去精心採擷、收集和積累。

有些事你不必太認真

話說孔子東遊，來到一個地方感覺腹中飢餓，就對弟子顏回說：「前面有一家飯館，你去討點飯來。」顏回就到飯館，說明來意。

那飯館的主人說：「要飯吃可以啊，不過我有個要求。」顏回忙道：「什麼要求？」店主回答：「我寫一字，你若認識，我就請你們師徒吃飯，若不認識，亂棍打出。」顏回微微一笑：「主人家，回我不才，可我也跟師傅多年。別說一字，就是一篇文章又有何難？」店主也微微一笑：「先別誇口，認完再說。」說罷，便拿筆寫了一個「真」字。

顏回哈哈大笑：「主人家，你也太欺我顏回無能了，我以為是什麼難認之字，此字我顏回五歲就識。」店主微笑問：「此為何字？」顏回說：「是認真的『真』字。」店主冷笑一聲：「哼，無知之徒竟敢冒充孔老夫子門生，來人，亂棍打出。」

顏回就這樣回來見老師，說了經過。孔老夫子微微一笑：「看來他是要為師前去不可。」說罷來到店前，說明來意。那店主一樣寫下「真」字。孔老夫子答說：「此字念『直八』。」那店主笑道：「果真是夫子來到，請！」就這樣，吃完喝完不出一分錢走了。

事後，顏回問道：「老師，你不是教我們那字念『真』嗎？什麼時候變『直八』了？」孔老夫子微微一笑：「有時候的事是認不得『真』啊！」

Life Wisdom

人生在世，難得糊塗。有些事情需要你認真，而有些事情倒是不需要你認真。認真與否，全看對於問題的解決有無效果——結果需要你認真，你就得認真；結果不要你認真，那認真又有何意義。

和蝸牛一起散步

上帝交給麥克一個任務，叫他牽一隻蝸牛去散步。可是蝸牛爬得實在太慢了。麥克又是催促又是嚇唬又是責備，可蝸牛只是用抱歉的目光看著他，仿佛在說：「我已經盡全力了！」

麥克又氣又急，對蝸牛又拉又扯又踢，蝸牛受了傷，爬得越來越慢了。麥克真想丟下蝸牛不管，但又擔心沒法向上帝交代。他只好耐著性子，讓蝸牛慢慢爬，自己則以一種接近靜止的速度跟在後面。

就在這個時候，麥克突然聞到了花香，原來這裡是個花園。接著，他聽見了鳥叫蟲鳴，感到微風拂面的舒適。後來，麥克還看到美麗的夕陽、燦爛的晚霞及滿天的星斗。麥克這才體會到上帝的巧妙用心：「祂不是叫我牽蝸牛去散步，而是叫蝸牛牽我去散步呀！」

Life Wisdom

偶爾和蝸牛一起散散步，你一定會發現許多平時沒有注意到的美麗。人生不能一味匆匆趕路，那會使你錯過很多東西。

再苦也要笑一笑

苦樂就在一念之差

有個叫塞爾瑪的美國年輕女人隨丈夫到沙漠腹地參加軍事演習。她孤零零一個人留守在一間像貨櫃一樣的鐵皮小屋裡。這裡炎熱難耐，周圍只有墨西哥人與印第安人。因為他們不懂英語，無法與自己進行交流，所以塞爾瑪寂寞無助，煩躁不安，於是她寫信給自己的父母，想離開這個鬼地方。

父親的回信只寫了一行字：「兩個人同時從牢房的鐵窗望出去，一個人看到了泥土，一個人卻看到了繁星。」

塞爾瑪一開始並沒有讀懂其中的涵義，反覆讀了幾遍後，她才感到無比的慚愧，決定留下來在沙漠中尋找自己的「繁星」。她一改往日的消沉，積極地與當地人交朋友，學習他們的語言。她付出了熱情，她非常喜愛當地的陶器與紡織品，於是人們便將捨不得賣給遊客的陶器、紡織品送給她作禮物。

這些讓塞爾瑪很感動。她的求知欲也與日俱增。她十分投入地研究讓人痴迷的仙人掌和許多沙漠植物的生長情況，還掌握了有關土撥鼠的生活習性，觀賞了沙漠的日出日落，並饒有興致地尋找海螺殼……

這樣一來，原先的痛苦與寂寞沒有了，取而代之的是積極的冒險與進取。塞爾瑪為自己的新發現激動不已。她拿起了筆，一本名為《快樂的城堡》的書兩年後出版了。塞爾瑪最終經過自己的努力看到了「繁星」。

Life Wisdom

沙漠沒有變，當地的居民沒有變，只是塞爾瑪的人生視角變了。一念之差使一個人變成了另外一個人，人生也因此而不同。

取回屬於你的痛苦

佛陀為了消除人間的疾苦，就從人間選了一百個自認為最痛苦的人，讓他們把各自的痛苦寫在紙上。

寫完後，佛陀說：「現在，把你們手裡的紙條相互交換一下。」

這一百個人交換過手裡的紙條後，個個十分驚奇，都爭著從別人手裡搶回自己寫的。

Life Wisdom

這個世界上，每個人都有自己的痛苦。沒有一個人活得容易，更沒有一個人整日被鮮花和掌聲所包圍。知道了這一點，就不要再抱怨命運的不公平了。

不要趕走那隻牛虻

一天，一個人走在鄉間小道上，看見一個農夫正趕著一匹馬犁地。當他走上前去準備問候這個農夫時，突然看到那匹馬的側腹有一隻很大的虻。很明顯地，那隻虻正在叮咬那匹馬，而且把那匹馬叮得很不自在，因此他就想把那隻虻趕走。

正當他舉起手來的時候，農夫制止了他。農夫說：「請不要趕走牠，朋友。您知道嗎，正因為有了這隻虻，這匹老馬才一直不停地動著。」

面臨挑戰的生活經歷可以使你的靈魂得到鍛鍊和成長，可以給予你好運和福氣。如果極力逃避，自然就得不到其中隱藏的好運和福氣。

抖落你生命中的泥土

有一天，農夫的一頭驢子不小心掉進一口枯井裡，農夫絞盡腦汁要想辦法救出驢子，但幾個小時過去了，驢子還在井裡痛苦地哀號著。最後，農夫決定放棄；他想這頭驢子年紀大了，不值得大費周折地把牠救出來，但無論如何，這口井還是得填起來，於是他就請來左鄰右舍幫忙一起將井中的驢子埋了，以免除驢子的痛苦。

農夫的鄰居們人手一把鏟子，開始將泥土鏟進枯井中。當這頭驢子瞭解到自己的處境時，剛開始哭得很淒慘，但出人意料的是，一會兒就安靜下來了。農夫見狀，好奇地探頭往井底一看，結果令他大吃一驚：當鏟進井裡的泥土落在驢子的背部時，驢子的反應令人稱奇——牠將泥土抖落在一旁，然後站到鏟進的泥土堆上面。

就這樣，驢子將大家鏟倒在牠身上的泥土全數抖落在井底，然後再站上去。很快地，這隻驢子便得意地上升到井口，然後在眾人驚訝的表情中快步地跑開了！

Life Wisdom

沒有經過困苦的磨礪，就不可能成為強者。只要我們鍥而不捨地將生命中的泥土抖落掉，然後站上去，即使是掉落到最深的井裡，我們也能安然地脫困。

給生活注滿希望

在一個偏僻的山村裡，住著一位孤苦伶仃的老奶奶。在她二十六歲時，丈夫外出做生意，卻一去不返。是死在亂槍之下，還是病死在外，都不得而知。當時，她唯一的兒子只有五歲。

丈夫不見蹤影的幾年之後，村裡人都勸她改嫁。沒有了男人，孩子又小，這守寡得守到什麼時候？然而，她沒有改嫁。她說，丈夫生死不明，也許在很遠的地方做了大生意，說不定哪天就回來了。她被這個念頭支撐著，帶著兒子頑強地生活著。她甚至把家裡整理得更加井井有條。她想，假如丈夫發了大財回來，不能讓他覺得家裡這麼窩囊寒傖。

就這樣過去了十幾年，在她兒子十七歲的那一年，一支部隊從村裡經過，她的兒子跟部隊走了。兒子說，他到外面尋找父親。

不料兒子走後又是音信全無。有人告訴她說兒子在一次戰役中戰死了，她不信，一個大活人怎麼能說死就死呢？她甚至想，兒子不僅沒有死，而且還做了軍官，等打完仗，天下太平了，就會衣錦還鄉。她還想，也許兒子已經娶了媳婦，給她生了孫子，回來時就是一家子人了。

儘管兒子依然杳無音信，但這個想像給了她無窮的希望。她是一個小腳女人，不能下田種地，她就做繡花線的小生意，勤奮地奔走四鄉，積累錢財。她告訴人們，她要掙些錢把房子重新翻修，等丈夫和兒子回來時住。

有一年她得了大病，醫生判了她死刑，但她最後竟奇蹟般地活了過來，她說，她不能死，她死了，兒子回來要到哪裡找家呢？

這位老奶奶一直在這個村裡健康地生活著，已經滿百歲了。直到現在，她還是做著她的繡花線生意，她天天算著，她的兒子生了孫子，她的孫子也該生孩子了。這樣想著的時候，她那布滿皺紋的滄桑的臉上，即刻就變成了像繡花線一樣絢爛多彩的花朵。

Life Wisdom

沒有什麼比希望更能改變我們的處境。當我們處於厄運的時候，當我們敗下陣來的時候，當我們面臨一場巨大災難的時候，我們都應該將人生寄託於希望。

不能讓心失業

有個人失業多年，一直都找不到工作，生活拮据。他整日灰頭土臉，神情極為沮喪，直到一個偶然的機會，聽到這樣一個真實故事。

有個社區有位老婆婆，生活很苦，丈夫老早就去世了，兒子又有些精神失常。社區為低收入戶送溫暖時，送給老婆婆一些物資，但老婆婆婉言謝絕了。她說：「我是窮，但我從不缺少什麼，因為我有工作。」

老婆婆是有份「工作」：冬天在街邊賣烤紅薯，夏天賣冰棒，她從未「失業」過。

是啊，失業有什麼可怕，這世間並不是沒有事做，而是看你想不想做。

他聽後什麼都沒說，第二天就到碼頭做起了搬運工，後來竟擁有了多家搬運公司。

失業並不可怕，可怕的是讓自己的心也跟著失業。只要擁有一顆熱愛生活的心，就會有做不完的事。

讓路邊開滿鮮花

有個小村莊裡有位中年郵差，他從二十歲開始便每天往返五十公里的路程，日復一日將憂歡悲喜的故事送到居民的家中。就這樣二十年一晃而過，人、事、物幾番變遷，唯獨從郵局到村莊的這條道路，從過去到現在，始終沒有一枝半葉，觸目所及，唯有飛揚的塵土罷了。

「這樣荒涼的路還要走多久呢？」他一想到必須在這無花無樹、充滿塵土的路上，騎著摩托車度過他的人生，心中就有些遺憾。

有一天當他送完信，心事重重準備回去時，剛好經過了一家花店。「對了，就是這個！」他走進花店，買了一把花的種子，並且從第二天開始，便帶著這些種子撒在往來的路上。就這樣，經過一天，兩天，一個月，兩個月……他始終持續散播著花的種子。

沒多久，這條已經來回走了二十年的荒涼道路，竟開起了許多紅、黃各色的小花；夏天開夏天的花，秋天開秋天的花，四季盛開，永不停歇。

種子和花香對村莊裡的人來說，比郵差一輩子送達的任何一封郵件，更令他們開心。

Life Wisdom

在不是充滿塵土而是充滿花瓣的道路上，孤獨和愁苦的郵差一下子變成了吹著口哨的快樂郵差。人生如白駒過隙，時光飛逝，不妨留下善行，提供後人乘涼。

生活並不像想像的那麼糟

從前，有一個窮人與他的妻子、五個孩子、兒媳，生活在一間破舊、低矮的小木屋裡，狹窄偪促的居住環境與貧困簡陋的生活讓他感到活不下去，於是他便去找智者求救。

窮人對智者說：「我們全家那麼多人住在一間小木屋裡，太擁擠了，整天爭吵不休，這樣的家簡直就是地獄，我實在無法再活下去了！」智者問他家裡還有什麼，他告訴智者說，他家還有一頭奶牛、一隻山羊和一群雞。智者說：「你只要按我說的去做，情況自然就會好起來。」

原來，智者是讓窮人回家去，把那些奶牛、山羊、雞全帶到屋裡，與人一起生活，這樣他就可以走出困境。窮人聽後大吃一驚，但他事先已經答應要按智者說的去做，所以也只好如此行事了。

幾天過後，窮人滿臉痛苦地找到智者說：「你給我出的什麼餿主意？事情不但沒有好起來，反而比以前更糟了，現在我家變成了真正的地獄，我真的活不下去了。」智者笑著對他說：「好吧，你回去把那些雞趕出小屋就好了。」

沒過多久時間，窮人又來找智者，他仍然一臉痛不欲生的樣子，哭訴說：「那隻山羊撕碎了我房間裡的一切東西，牠使我的生活如同噩夢。」智者溫和地說：「回去把山羊牽出屋就好了。」

後來，窮人又來了，他對智者說：「那頭奶牛把我的屋子搞成了牛棚，人怎麼可以與牲畜同處一室呢？」智者說：「那你趕快回家，把牛牽出屋去。」

最後，窮人一路小跑，滿面紅光地找到智者，對他說：「謝謝你，又把甜蜜的生活給了我。現在所有的動物都出去了，我那可愛的小屋顯得那麼安靜、寬敞、乾淨，我好開心啊！」

Life Wisdom

當你身在糟糕處境時，你的處境雖然看起來很糟糕，但還不是最糟糕的。所以，你完全沒有必要對生活感到絕望。

像南瓜一樣

美國麻州阿默思特（Amherst）學院曾經進行了一個很有意思的實驗。實驗人員用很多鐵圈將一個小南瓜整個箍住，以觀察當南瓜逐漸長大時，對這個鐵圈產生的壓力有多大。最初他們估計南瓜最多能承受大約五百磅的壓力。

在實驗的第一個月，南瓜承受了五百磅的壓力；到第二個月時，南瓜承受了一千五百磅的壓力；當它承受到二千磅的壓力時，研究人員必須對鐵圈加固，以免南瓜將鐵圈撐開。最後，當研究結束時，整個南瓜承受了超過五千磅的壓力後，瓜皮才產生破裂。

他們打開南瓜並且發現它已經無法再食用，因為它的中間充滿了堅韌牢固的層層纖維，試圖想要突破包圍它的鐵圈。為了吸收充分的養分，以便突破限制它成長的鐵圈，它的根部甚至延展超過八萬呎，所有的根往不同的方向全方位地伸展，最後這個南瓜獨自控制了整個花園的土壤與資源。

Life Wisdom

大多數的人都能承受超過我們所認為的壓力。因為我們擁有比我們想像中大得多的潛能。只要像小南瓜一樣全方位地伸展，就沒有什麼困難能夠阻擋我們。

另外十七個羅漢在哪兒

有一個農夫，日出而作，日落而息。辛勤耕作於田間，日子過的雖說不上富裕，倒也和樂。

一天晚上，農夫做了個夢，夢見自己得到了十八個金羅漢。說來也巧，第二天，農夫在田野裡竟然真的挖到了一個價值連城的金羅漢，他的家人和親友都為此感到高興不已，可農夫卻悶悶不樂，整天心事重重。

別人問他：「你已經成了百萬富翁，還有什麼不滿意的呢？」

農夫卻回答說：「我在想，另外十七個羅漢到哪兒去了。」

得到了一個金羅漢，卻失去了生活的快樂。看來，有時真正的快樂是和金錢無關的。

Life Wisdom

活著的感覺真好

一位得知自己不久人世的老先生，在日記上記下了這段文字：

「如果我可以從頭活一次，我要嘗試更多的錯誤，我不會再事事追求完美。」

「我情願多休息，隨遇而安，處世糊塗一點，不對將要發生的事處心積慮計算著。其實人世間有什麼事情需要斤斤計較呢？」

「可以的話，我會多旅行，跋山涉水，更危險的地方也不怕。以前我不敢吃冰，不敢吃豆，是怕健康有問題，此刻我是多麼的後悔。過去的日子，我實在活得太小心，每一分每一秒都不容有失，太過清醒明白，太過清醒合理。」

「如果一切可以重新開始，我會什麼也不準備就上街，我會放縱的享受每一分、每一秒。如果可以重來，我會赤足走在戶外，甚至整夜不眠，用這個身體好好地感受世界的美麗與和諧。還有，我會到遊樂園多玩幾圈旋轉木馬，多看幾次日出，和公園裡的小朋友玩耍。」

「只要人生可以從頭開始，但我知道，不可能了。」

Life Wisdom

人生真的不可能再來一次，以有限追求無限，請珍惜活著的感覺！

把快樂還給自己

體味捉蜻蜓的樂趣

一位富商，英年早逝。臨終前，見窗外的市民廣場上有一群孩子在捉蜻蜓，就對他四個未成年的兒子說，你們到那兒給我捉幾隻蜻蜓來吧，我許多年沒見過蜻蜓了。

不一會兒，大兒子就帶了一隻蜻蜓回來。富商問：「怎麼這麼快就捉了一隻？」大兒子說：「我用你給我的遙控賽車換的。」富商點點頭。

又過了一會兒，二兒子也回來了，他帶來兩隻蜻蜓。富商問：「你怎麼這麼快就捉了兩隻蜻蜓回來？」二兒子說：「我把你送給我的遙控賽車賣給了一位小朋友，他給我三分錢，這兩隻是我用二分錢向另一位有蜻蜓的小朋友買來的。爸，你看這是那多出來的一分錢。」富商微笑著點點頭。

不久，老三也回來了，他帶來十隻蜻蜓。富商問：「你怎麼捉那麼多的蜻蜓？」三兒子說：「我把你送給我的遙控賽車在廣場上舉起來，問，誰要玩賽車，要玩的只需繳交一隻蜻蜓就可以了。爸，要不是怕你著急，我至少可以收到十八隻蜻蜓。」富商拍了拍三兒子的頭。

最後回來的是老四。他滿頭大汗，兩手空空，衣服上沾滿了塵土。富商問：「孩子，你怎麼搞的？」四兒子說：「我捉了半天，也沒捉到一隻，就在地上玩賽車，要不是見哥哥們都回來了，說不定我的賽車能撞上一隻蜻蜓呢！」富商笑了，笑得滿眼是淚，他摸著四兒子掛滿汗珠的臉蛋，把他摟在了懷裡。

第二天，富商死了，他的孩子們在床頭發現一張小紙條，上面寫著：孩子，我並不需要蜻蜓，我需要的是你們捉蜻蜓的樂趣。

Life Wisdom

錢當然可以買到蜻蜓，但買不到的是捉蜻蜓的樂趣。生命的樂趣在於結果還是過程？只有努力了才會知道。

別把生活定格

已經是三伏天了，廟堂前的草地上仍是一片枯黃。

小和尚說：「師傅，快撒點草籽兒吧，這草地多難看哪！」

師傅讚許地看著小和尚說：「好啊！等天涼了，隨時吧！」

中秋，師傅買了包草籽兒叫小和尚去種。在陣陣秋風吹動下，草籽兒邊撒邊飄，小和尚急得喊了起來：「師傅，不好了！許多草籽兒都被風吹走了！」

師傅不動聲色地說：「嗯，沒關係。吹走的多半是空的，撒下去也發不了芽兒。隨性吧。」

種子剛剛撒完，就引來了一群麻雀。小和尚急得直跺腳：「壞了，壞了！草籽兒都被麻雀吃了。這可怎麼辦呢？」

師傅和顏悅色地說：「別急。種子多，吃不完，隨遇吧。」

播種那天夜裡，忽然下了一陣暴雨。清晨，小和尚到院裡一看，就三步併成兩步地衝進禪房：「師傅，這下完了！草籽兒都被雨水沖走了！」

師傅毫不介意地說：「沖到哪兒就會在哪兒發芽，隨緣吧。」

七八天過去了，枯黃的草地上居然長出了一片青翠可人的綠色幼苗！原先沒有播種的地方也泛出了綠意。小和尚高興得直拍手：「好看！太好了！」

師傅瞇起笑眼，慢慢地點著頭說：「隨喜，隨喜！」

隨時，隨性，隨遇，隨緣，隨喜——別把生活定格在某一個特定的時間、空間、標準上，堅強中隨遇而安，平凡中感悟快樂。永遠不去計較生活的不快，我們就會本能地收穫幸福和喜悅。

不為生氣栽盆景

有個老人用很長時間栽種盆景。一天要外出，他臨行前交代兒子一定要細心照顧好家裡的盆景。

在這期間，兒子總是精心照顧盆景。儘管這樣，花架還是在澆水時不小心被碰倒了，所有的盆景都打碎了。兒子因此非常害怕，他準備等父親回來後接受處罰。

老人回來知道此事，便叫來兒子。他不但沒有責備兒子，反而說：「我栽盆景是用來欣賞和美化家裡環境的，不是為了生氣。」

Life Wisdom

盆景的得失，並不影響老人心中的悲喜。氣由心生。人生旅途中，只有平和順氣，才不會愚蠢地用別人的錯誤來懲罰自己。

錢不是整個世界

窮人躺在草地上曬太陽，富人走過來說：「你之所以這麼窮，都是因為你太懶了。你為什麼不能像別人一樣從早到晚地工作呢？」

窮人問：「為什麼要工作？」

「工作可以賺錢呀！」

「賺錢幹什麼？」

「賺錢就可以買房子、買車、買好看的衣服……」

「買那些東西幹什麼？」

「這樣你就可以無憂無慮地過悠閒的生活了。」

「可我現在過的就是無憂無慮的悠閒生活呀！」

Life Wisdom

人生本應是豐富多彩的，但如果只是為了賺錢，往往會失掉太多；然而，不去工作，還自詡為過「悠閒」生活，恐怕也是「寄生」的。

分開去做

一個小夥子初次到工廠做車工，師傅要求他每天車完三萬個鉚釘。一個星期後，他疲憊不堪地找到師傅，說做不了想回家。師傅問他：「一秒鐘車完一個可以嗎？」小夥子點點頭，這是不難做到的。師傅給他一支錶，說：「那好，從現在開始。你就一秒鐘車一個，別的都不用管，看看你能車多少吧。」

小夥子照師傅說的慢慢做了起來。一天下來，他不僅完成了任務，而且居然沒有感到勞累。

師傅笑著對他說：「知道為什麼嗎？那是你一開始就給自己心裡蒙上了一層陰影，覺得『三萬』是個多麼大的數字。如果這樣分開去做，不就是七八個小時嗎？」

小夥子恍然大悟。

Life Wisdom

分開去做。當我們被瑣事壓得無暇喘息，不要懼怕，伸出手理理頭緒，輕輕地，像撥開水面上的一塊塊浮冰。這個時候，陽光自然就會亮亮地照進我們的心田。

留得青山在

有一次，一個人打電話找心理諮詢師求助。

他說：「一切都完了，我完蛋了。我沒有半文錢，我失去了一切。」

諮詢師說：「你眼睛還看得見嗎？」

他說：「看得見啊。」

諮詢師問：「你還能走路嗎？」

他說：「還能走呀。」

諮詢師說：「你還能打電話，可見你一定還聽得見。」

「沒錯，我聽得見。」

Life Wisdom

諮詢師說：「那麼，我相信你所有的一切都還在，你唯一失去的不過是錢罷了。」

當我們感到絕望到了極點時，只不過是失去了一些身外之物——金錢、權利、榮譽而已，其實，我們還有足夠的空氣可供呼吸，還有足夠的食物不致挨餓。留得青山在，不怕沒柴燒。

第二章
讓工作豐富人生

你在為誰工作

你為了什麼而工作

非洲的某個土著部落迎來了從美國來的旅遊觀光團，部落裡的人們雖然還沒有什麼市場觀念，可面對這樣好的賺錢商機，自然也不會放過。

部落中有一位老人，他正悠閒地坐在一棵大樹下，一邊乘涼，一邊編織著草帽，編完的草帽他會放在身前一字排開，供遊客們挑選購買。他編織的草帽造型非常別致，而且顏色的搭配也非常巧妙，可以稱得上是巧奪天工了，遊客們紛紛駐足購買。

這時，一位精明的商人看到老人編織的草帽，腦袋裡立刻盤算起來，他想：「這樣精美的草帽如果運到美國，一定可以賣個好價錢，至少能獲利十倍吧。」想到這裡，他不由得激動地對老人說：「朋友，這種草帽多少錢一頂呀？」

「十塊錢一頂。」老人向他微笑了一下，繼續編織草帽，他那閒適的神態，真的讓人感覺他不是在工作，而是在享受一種美妙的心情。

「天哪，如果我買一萬頂草帽回到國內去銷售的話，我一定會發大財。」商人欣喜若狂，不由得為自己的經商天才而沾沾自喜。他對老人說：「假如我在你這裡訂作一萬頂草帽的話，你每頂草帽給我優惠多少錢呀？」

他本以為老人一定會高興萬分，可沒想到老人卻皺著眉頭說：「這樣的話啊，那就要一百元一頂了。」

每頂要一百元，這是他從商以來聞所未聞的事情呀！「為什麼？」商人朝著老人大叫。老人講出了他的道理：「在這棵大樹下，沒有負擔地編織草帽，對我來說是種享受，可如果要我編一萬頂一模一樣的草帽，我就不得不夜以繼日地工作，不僅疲憊勞累，還成了精神負擔。難道你不該多付我一些錢嗎？」

Life Wisdom

當工作不能成為一種享受而成為一種循環往復的單調時，確實會令人感到乏味，但我們還是不得不為了特定的利益而奔走勞累。你為了什麼而工作？只有真正熱愛工作的人，才能從工作中享受到快樂。

不要為了忙而忙

朋友要在客廳裡掛一幅字畫，請來鄰居幫忙。字畫已經在牆上擺好，正準備釘釘子。鄰居說：「這樣不好，最好釘兩個木塊，把字畫掛在上面。」朋友聽從了鄰居的意見，讓他幫忙找來鋸子。但剛鋸兩三下，鄰居就說：「不行，這鋸子太鈍了，得磨一磨。」

於是鄰居丟下鋸子去找銼刀。銼刀拿來了，他又發現銼刀的柄壞了。為了給銼刀換一個柄，他拿起斧頭到樹林裡尋找小樹。就在要砍樹時，他發現那把生滿鐵繡的斧頭實在是不能用，必須得磨一下。磨刀石找來後，鄰居又發現，要磨利那把斧頭，必須用木條把磨刀石固定起來。為此，他又去找木匠，說木匠家有現成的木條。

然而，這一走，朋友就再也沒有見鄰居回來。當然，那幅字畫，朋友還是一邊一個釘子把它釘在牆上。第二天，朋友在街上見到了鄰居，他正在幫木匠從五金商店裡往外搬一台笨重的電鋸。

Life Wisdom

無論做什麼工作，首先都要明確你的目的。不要為了忙而忙，到頭來白忙一場。

沒有一類工作叫隨便

羅斯福總統夫人在班寧頓學院念書時，要在電訊業找一份兼職工作。她的父親為她引見了自己的一位朋友——當時美國無線電公司的董事長薩爾洛夫將軍。

薩爾洛夫將軍問她想做哪一份工作。

她說：「隨便吧。」

薩爾洛夫將軍對她說：「沒有一類工作叫隨便，因為成功的道路是目標鋪出來的。」

Life Wisdom

成功等於目標，其他全是這句話的注解。沒有目標而去奮鬥拼搏，恰如沒有羅盤而航行。沒有目標，哪裡都是目標，哪裡都沒有目標。

天堂與地獄

有個人死後，在前往閻羅殿的路上，遇見了一座金碧輝煌的宮殿。宮殿的主人請他留下來居住，這個人回答說：「我在人世間辛辛苦苦地忙碌了一輩子，現在只想吃和睡，我討厭工作。」

宮殿主人說道：「若真是這樣，那麼世界上再也沒有比這裡更適合你居住的了。我這裡有山珍海味，你想吃什麼就吃什麼，不會有人來阻止你。我這裡有舒服的床鋪，你想睡多久就睡多久，不會有人來打擾你。而且，我保證沒有任何事情需要你做。」

於是，這個人就住了下來。

剛開始的一段日子，這個人吃了睡，睡了吃，他感到非常快樂。但漸漸地，他覺得有些寂寞和空虛了，便跑去見宮殿主人，抱怨道：「這種每天吃吃睡睡的日子，過久了也沒意思。我對這種生活已經提不起一點興趣了。你能否為我找一個工作？」

宮殿的主人答道：「對不起，我們這裡從來就不曾有過工作。」

又過了幾個月，這個人實在忍不住了，又跑去見宮殿的主人：「這種日子我實在受不了了。如果你不給我工作，我寧願下地獄，也不要待在這裡。」

宮殿的主人輕蔑地笑了：「你認為這裡是天堂嗎？這裡本來就是地獄啊！」

不想工作的人無法找到天堂。沒有誰比那些整天無所事事的人更累、更無聊了，因為他們找不到休息的辦法。工作雖然累，但它卻充滿了情趣，讓人富有生機和活力。

建造自己的房子

一個老木匠就要退休了，他告訴老闆他要離開建築業，然後和家人享受一下輕鬆自在的生活。老闆實在捨不得這麼好的木匠離去，因此希望他能在離開前再蓋一棟按自己風格設計的房子。

木匠答應了。不過不難發現這一次他並沒有很用心地蓋這棟屋子，只是草草地用了劣質材料，就把這間屋子蓋好了。其實，用這種方式來結束他的事業生涯，實在是有點不妥。

房子蓋好了，老闆來檢視了房子，然後把大門的鑰匙交給這個木匠說：「感謝你跟隨我這麼多年，這間按你自己風格設計的房子是我送給你的禮物！」

Life Wisdom

想一下你的房子，每當你拿錘子釘下釘子，放置木板或豎一面牆的時候，其實就是在營造自己的生活。成就每一天就是在成就自己的未來。

吹出最美的笛聲

在一座小城裡，住著一個年輕人，以賣炊餅維生。他白天賣炊餅，晚上便吹笛子自娛自樂。因此，每天晚上悠揚笛聲都能從他的屋裡飄逸出來，他活得很自在，也很快樂，臉上時常掛著笑容。

他的鄰居是個大商人，覺得他為人老實，就借給他一萬貫銅錢，叫他做大生意，不要再賣炊餅了。從此，這個賣炊餅的人便白天忙生意，晚上忙算帳。只聞他屋裡算盤響，再也聽不到悠揚悅耳的笛聲。

而他在白天做生意時，心情也不好，既害怕出錯，又擔心虧本。過了些日子，他實在不願再過這種心無寧靜的日子，便把錢如數還給鄰居，又做起了賣炊餅的小生意。每逢晚上，他的屋裡又傳出了美妙的笛聲。

Life Wisdom

不要強迫自己去做不願意做的事情，不要強迫自己去過適應不了的生活。要想生活得自由自在，就得選擇適合自己的生活與工作環境。只有如此，我們才會活得有滋有味。

車子還停留在老地方

有一次，天鵝、狗魚和蝦，想一起拉動一輛裝東西的貨車，三個傢伙套上車索，拚命用力拉，可車子還是拉不動。

車上裝的東西不算重，只是天鵝拚命向雲裡衝，蝦盡是向後倒拖，狗魚則直向水裡拉動。

究竟哪個錯哪個對，用不著多講，只是車子還停留在老地方。

Life Wisdom

無論一個組織的金錢、設備和材料的總和多麼強大，如果沒有一支願意進行思考和頭腦清醒的人們組成的隊伍去使用，它們只不過是一堆不會產生成果的僵死物質。

討主人喜歡

有戶人家養了一條狗、一隻貓。

狗是勤快的。每天，當主人家中無人時，狗便豎起耳朵，虎視眈眈地巡視主人家的周圍，哪怕有一丁點的動靜，狗也要狂吠著疾奔過去，就像一名盡忠職守的員警，兢兢業業地為主人做著看家護院的工作。

但是，每當主人家有人時，他的精神便稍稍放鬆了，有時還會伏地沉睡。於是，在主人家的每一個人眼裡，這條狗都是懶惰的，極不稱職的，便也經常不餵飽牠，更別提獎賞牠好吃的了。

貓是懶惰的。每當家中無人時，便伏地大睡，哪怕三五成群的老鼠在主人家中肆虐，牠也無動於衷。直到睡飽了，牠才到處散散步，活動活動筋骨。等主人家中有人時，牠的精神也養好了，這兒瞅瞅那兒望望，也像一名盡忠職守的員警，時不時地，牠還要去給主人舔舔腳、逗逗趣。在主人的眼中，這無疑是一隻極勤快、極盡職的貓，好吃的自然給了牠。

然而，由於貓的不盡職，主人家的老鼠越來越多。終於有一天，老鼠咬壞了主人家唯一值錢的家當，惹得主人相當震怒。他召集家人說：「你們看看，我們家的貓這麼勤快，老鼠還猖狂到這種地步，我認為一個重要的原因就是那條懶狗，牠整天睡覺也不幫貓捉幾隻老鼠，所以我鄭重宣佈，將狗趕出家門，再養一隻貓。大家意見如何？」

家人紛紛附和說，這條狗真夠懶的，每天只知道睡覺，你看貓，多勤快呀，抓老鼠吃得多胖，都有些走不動了。是該將狗趕走，再養一隻貓。於是，狗被趕出了家門。自始至終，牠都不明白被趕走的原因。牠只看到，那隻肥貓在牠身後竊竊地、輕蔑地笑。

Life Wisdom

仔細留意一下生活，這樣的故事不只一個。我們可以唾棄貓，為狗鳴不平，但我們不也是那樣地判斷是非？看來，既要稱職地做好工作，也要學會討主人喜歡。

做個泉水守護人

在阿爾卑斯山東邊山坡，奧地利一側的森林裡曾住著一位老人。他在多年前被一個鎮議會聘用，負責清除山澗水池中的雜物。

清潔的泉水從山上的源頭流出，直達他們的市鎮。他默默地在山上巡迴，隨時清除樹葉和樹枝，並抹去可能淤塞和汙染清新水流的泥沙。逐漸地，村莊成了度假勝地。美麗的天鵝在晶瑩的泉水上游動，附近各種水車日夜轉動，農田自然得到灌溉，從餐廳裡望出去的風景賞心悅目。

許多年過去了，一天早上鎮議會舉行半年一度的會議。審查預算時，某人的視線停在鮮為人注意的泉水守護者薪水上。這位負責財務的先生說：「這老頭是誰？我們為何每年聘用他？沒人看見他。這位在山裡巡邏的陌生人對我們沒啥用處，我們並不需要他！」經過投票，眾人一致同意取消了老人的職位。

一開始數週並沒有什麼改變。直至秋天來臨，樹木開始落葉，折斷的小樹枝掉落在水池裡，阻礙了泉水的奔流。一天下午，有人注意到泉水出現了些微棕黃的顏色。

到了第二個星期，泉水更顯得陰暗。再過一週，泉水又多了一層浮在水面的泥土，不久更發出惡臭。水車轉得比以前慢了，終於戛然止住。天鵝和遊客也都不再來訪，各樣疾病開始侵襲村莊。

尷尬的議會急忙召開特別會議，他們知道犯了一個重大錯誤，決定重新聘用泉水的老守護人。數週之後，生命的河水又恢復了清潔，輪子重新轉動，新生命再次注入這阿爾卑斯山邊的小村莊。

Life Wisdom

有的人在這個世界上，就好像泉水守護者與村莊的關係一樣。那保持水源清潔甘甜的泉水守護者，看來微不足道沒有必要，但缺少了他們，村莊就會陰暗惡臭，疾病泛濫。

你知道清潔工的名字嗎

有位醫生到母校進修，上課的正是一位原先教過他的教授。教授沒有認出他來。因為畢業的學生太多了，何況已經過去整整十年了。

第一堂課，教授用了半堂課的時間，給學生們講了一個故事。可是，這個故事醫生當年就聽過。醫生覺得教授真是古板，都十年了，怎麼又把故事拿出來講呢？醫生覺得索然無味。

教授的課在故事中結束，給學生留了幾道思考題。思考題很簡單，要求學生當堂課完成。前面的題目大家答得很順利，可是到了最後一題，大家卻都被難住了。

這道題是這樣的：「你知道每天清早在醫院裡打掃的清潔工叫什麼名字嗎？」同學們以為教授是在開玩笑，都沒有回答。那位醫生也覺得好笑，都十年了，還出這樣的題目，教授的課怎麼一成不變呢？

教授看了學生的答題，表情很嚴肅。他在黑板上寫了一行字：「在你們的職業當中，每個人都是重要的，都值得關心，並關愛他們。」教授說：「現在我要表揚一位同學，只有他回答出來了。」

這個人就是那位醫生。醫生這時才猛然發現，自己在平時工作中常會下意識地去記清潔工的名字。他工作的醫院有一千多人，他竟然記得每位清潔工的名字。因為，這道題目十年前就曾難倒過他，沒想到當年第一堂課會影響他這麼多年。

Life Wisdom

在我們的職業當中，每個人都是重要的，都值得關心，並關愛他們。沒有人是沒有價值的——人人都是一座寶藏，值得我們花一番工夫挖掘。

決定權在你

有兩個台灣觀光團到日本伊豆半島旅遊，路況很差，到處都是坑洞。

其中一位導遊連聲抱歉，說路面簡直像麻子一樣。另一個導遊卻詩意盎然地對遊客說：「諸位先生、女士，我們現在走的這條路正是赫赫有名的伊豆迷人酒窩大道。」

Life Wisdom

雖是同樣的情況，但不同的意念卻會產生不同的態度。思想是何等奇妙的事，如何去想，決定權在你。

攀上事業的巔峰

留個缺口給別人

一位著名企業家在作報告，一位聽眾問：「你在事業上取得了成功，請問，對你來說，最重要的是什麼？」

企業家沒有直接回答，他拿起粉筆在黑板上畫了一個圈，只是並沒有畫圓滿，留下一個缺口，反問道：「這是什麼？」

「零」、「圈」、「未完成的事業」、「成功」，台下的聽眾七嘴八舌地答道。

他對這些回答未置可否：「其實，這只是一個未畫完整的句號。你們問我為什麼會取得輝煌的業績，道理很簡單：我不會把事情做得很圓滿，就像畫個句號，一定要留個缺口，讓我的下屬去填滿它。」

Life Wisdom

留個缺口給他人，並不說明自己的能力不強。這是一種更高層次上帶有全局性的圓滿。給猴子一棵樹，讓牠不停地攀登；給老虎一座山，讓牠自由縱橫。這就是人性化的最高境界。

打開通向要職的門

有位有智慧的國王想要選拔重要官員，他把文武百官領到一座誰也沒有見過的巨大的門前——這扇門不但是最大的，而且也是最重的。如果有誰能把它打開，國王就會把要職委任給他。

許多大臣見到大門後搖頭擺手，有的走近看看，有的則無動於衷。只有一位大臣，他走到大門邊，用眼睛和手仔細檢查，然後又嘗試了各種方法。最後，他抓住一條沉重的鏈子一拉，這扇巨大的門開了。

國王說：「你將在朝廷中擔任要職。」

Life Wisdom

很多時候，大門沒有完全關死，任何人只要有膽量去試一下就能打開它。世界上根本沒有任何阻隔我們走向成功的門，如果有，那門就在我們心中。

敲動生命的大鐵球

一位世界第一的推銷大師即將告別自己的職業生涯。他的告別大會吸引了保險界的五千多位精英前來參加。當許多人問他推銷的祕訣時，大師微笑著表示不必多說。

這時，全場燈光暗了下來。從會場一邊閃出四名彪形大漢，他們抬著一個下面垂著一顆大鐵球的鐵架子走上台。當現場的人丈二金剛摸不著頭腦時，大師走上前去，朝鐵球敲了一下，鐵球沒有動。隔了五秒，他又敲了一下，鐵球還是沒動，於是他每隔五秒就敲一下。如此持續不斷，鐵球還是沒有動。

這時，台下的人群開始騷動，甚至陸續離場而去。大師仍然靜靜地敲著大鐵球。人越走越多，留下來的人已經所剩無幾。終於，大鐵球開始慢慢晃動了。四十分鐘後，大力搖晃的鐵球，即使任何人的努力也不能使它停下來。

最後，大師面對僅剩的幾百人，與他們分享了他一生的成功經驗：成功就是簡單的事情重複去做。以這種持續的毅力每天進步一點點，當成功來臨時，你擋都擋不住。

Life Wisdom

簡單的動作重複做，簡單的話反覆說，這就是成功的祕訣。說白了，成功其實很容易，就是先養成成功的習慣——世界上最可怕的力量是習慣，世界上最寶貴的財富也是習慣。

幸虧我們沒有錄用他

有一個日本青年，經過十多年的寒窗苦讀，終於從東京一所知名大學畢業。當時正值松下電器公司招聘一批基層管理人員，這次招聘，採取筆試與面試相結合的方式。參加報考的人數有好幾百個，經過一週的考試，成績出來了，並選出十位優勝者。

最後，松下幸之助會見十位錄取者時，發現有一位面試時曾給他留下深刻印象，且筆試成績也特別出色的年輕人未在其中。於是，他立即讓人複查考試情況。結果發現，這位年輕人的綜合成績名列第二，然而電腦在排列分數和名次時出了故障，致使這位年輕人未被列入前十位。

這時，松下立即吩咐，給這位年輕人補發錄用通知書。但是，第二天松下卻得到一個驚人的消息：這位年輕人因沒有被錄取而跳樓自殺了。

後來，松下電器公司的許多人都說：「太可惜了，那麼一位有才幹的青年，卻沒有被我們錄取。」然而，松下卻不這樣認為，他說：「幸虧我們沒有錄用他。意志如此不堅強的人是很難成大事的。」

Life Wisdom

一個人如果稍遇挫折就被擊倒在地，從此陷入困境並一蹶不振，甚至失去生活的信心，那麼他就是生活的弱者。只有那些對生活充滿必勝信念的人，才能獲得最後的勝利，贏得人們的尊敬。

我很重要

二戰後受到經濟危機的影響，日本失業人數陡增，工廠效益也很不景氣。一家瀕臨倒閉的食品公司為了起死回生，決定裁員三分之一。有三種人名列其中：一種是清潔工，一種是司機，一種是無任何技術的倉管人員。這三種人加起來有三十多名。

經理找他們談話，說明裁員意圖。

清潔工說：「我們很重要，如果沒有我們打掃衛生，沒有清潔優美、健康有序的工作環境，你們怎能全心投入工作？」

司機說：「我們很重要，沒有司機，這麼多產品怎能迅速銷往市場？」

倉管人員說：「我們很重要，戰爭剛剛過去，許多人掙扎在飢餓線上，如果沒有我們，這些食品豈不是要被流浪街頭的乞丐偷光！」

經理覺得他們說的話都很有道理，權衡再三決定不裁員，重新制定了管理策略。最後經理在公司門口懸掛了一塊大匾，上面寫著：我很重要！

從此，每天當職員們來上班，第一眼看到的便是「我很重要」這四個字。不管是基層員工還是白領階層，都認為老闆很重視他們，於是非常賣命地工作。這句話調動了全體職員的積極性，一年後公司迅速崛起，成為日本有名的公司之一。

Life Wisdom

任何時候都不要看輕自己。在關鍵時刻，敢於說「我很重要」。說出來，你的人生旅程就會由此掀開新的一頁。

自動自發

兩匹馬各拉一輛大車。前面的一匹走得很好，而後面的一匹常常停下來。於是主人就把後面一輛車上的貨挪到前面一輛車上去。等到把車上的東西都搬完了，後面那匹馬便輕快地前進起來。牠對前面那匹馬說：「你辛苦吧，流汗吧，你越是努力，主人越是要折磨你。」

來到車馬店的時候，主人想：「既然只用一匹馬拉車，我養兩匹馬做什麼？不如好好地餵養一匹，把另一匹宰掉，總還能拿到一張皮吧。」於是，後面的那匹馬被殺了，前面的馬留了下來。

如果想登上事業的成功巔峰，你就得永遠保持自動自發的精神——即使面對缺乏挑戰或毫無樂趣的工作，也能全力以赴。當你養成了這種習慣，你就能獲得工作中所向披靡的利器，獲得自己想要的快樂和尊重。

擁有心中那塊土地

有位護士剛從學校畢業，在一家醫院實習，如果這期間能讓院方滿意，便可獲得一份正式工作，否則就得離開。

一天，一位因車禍而生命垂危的病人需要手術，這位實習護士被安排作外科手術專家、院長亨利教授的助手。當手術將完，患者傷口即將縫合時，這位護士突然嚴肅地對院長說：「亨利教授，我們用了十二塊紗布，可是您只取出了十一塊。」院長不屑一顧地回答說：「我已經全部取出了，不要多說，立即縫合。」

「不！」這位護士高聲抗議道：「我們確實用了十二塊紗布。」院長對此不加理睬，命令道：「聽我的，準備縫合。」

這位實習護士聽到後，幾乎大叫起來：「你是醫生，你不能這樣做！」直到這時，院長冷漠的臉上才浮出一絲微笑。他舉起手心裡握著的第十二塊紗布，高聲宣佈道：「她是我最合格的助手。」

不用說，這位實習護士理所當然地獲得了這份工作。如果在當時，這位實習護士不堅持真理，不嚴肅對待，而是去迎合院長、服從院長，其結局會怎樣呢？毋庸置疑，她將會失去這份正式工作。

Life Wisdom

面對強大的勢力，面對重大的困難，面對非凡的誘惑，你是否堅守了心中那塊土地？那塊屬於你特有的責任的土地，請好好堅守它，經營它，它會帶給你幸運。

讓能力大於職位

A對B說：「我要離開這間公司，我恨這間公司！」

B建議道：「我舉雙手贊成你報復！破公司一定要給它點顏色瞧瞧。不過你現在離開，還不是最好的時機。」

A問：「為什麼？」

B說：「如果你現在走，公司的損失並不大。你應該趁在公司的時候，拚命為自己拉一些客戶，成為公司獨當一面的人物，然後再帶著這些客戶突然離開公司，這樣公司才會受到重大損失。」

A覺得B說的很有道理，於是努力工作。經過半年多的時間，A有了許多忠實客戶。再見面時，B問A：「現在是時機了，要跳就要趕快行動喔！」

A淡然笑道：「老總跟我長談過，準備提升我做總經理助理，我暫時沒有離開的打算了。」

其實，這也正是B的初衷。

Life Wisdom

一個人在工作時，只有付出大於得到，讓老闆真正看到你的能力大於職位，才會給你更多的機會替他創造更多的利潤。

挖一口真正屬於自己的井

有兩個和尚分別住在相鄰的兩座山上的廟裡。這兩座山之間有一條溪水，這兩個和尚每天都會在同一時間下山到溪邊挑水，久而久之他們成了好朋友。

就這樣，時間在每天挑水中不知不覺經過了五年。突然有一天，左邊這座山的和尚沒有下山挑水，右邊那座山的和尚心想：「他大概睡過頭了。」便沒當回事。

哪知第二天，左邊這座山的和尚還是沒有下山挑水，第三天也一樣。過了一個星期還是一樣，直到過了一個月，右邊那座山的和尚終於受不了，他心想：「我的朋友可能生病了，我要過去拜訪他，看看能幫上什麼忙。」於是他便爬上了左邊這座山，去探望他的老朋友。

等他到了左邊這座山的廟裡，看到他的老友之後大吃一驚，因為他的老友正在廟前打太極拳，一點也不像一個月沒喝水的人。他很好奇地問：「你已經一個月沒有下山挑水了，難道你可以不用喝水嗎？」

左邊這座山的和尚說：「來來來，我帶你去看。」於是他帶著右邊那座山的和尚走到廟的後院，指著一口井說：「這五年來，我每天做完功課後都會抽空挖這口井，即使有時很忙，能挖多少就算多少。一個月前我終於挖出井水，從此不用再下山挑水，我可以有更多時間練我喜歡的太極拳了。」

Life Wisdom

我們現在領的薪水再多，那都是挑水。把握下班後的時間，挖一口真正屬於自己的井，這才是你要做的大事——未來當年紀大了，體力拚不過年輕人了，還是有水喝，而且還喝得很悠閒。

每週到墓地走一趟

曾有一位醫生替一位著名的實業家診療，醫生勸實業家多多休息，實業家卻憤怒地抗議：

「醫生，你知道嗎？我每天都得提著一個沉重的手提包回家，裡面裝的是滿滿的文件呀！」

「為什麼晚上還要批那麼多文件呢？」醫生很詫異地問道。

「那些都是當天必須處理的急件。」實業家不耐煩地回答。

「難道沒有人可以幫你忙嗎？你的助手、副總呢？」

「不行啊！這些檔只有我才能作批示呀！而且我還必須盡快處理。」實業家一副無奈的樣子。

「這樣吧，我現在給你開個處方，你能否照辦？」醫生沒有理會實業家。

實業家接過處方，上面寫著：每個星期抽空到墓地走一趟，每天悠閒地散步兩小時。

「每個星期抽空到墓地走一趟？這是什麼意思？」實業家看到處方很驚訝。

醫生不慌不忙地回答：「我希望你到墓地走一走，看看那些與世長辭的人的墓碑。他們當中有很多人生前與你一樣，甚至事業做得比你更大；他們當中也有許多人跟你現在一樣，什麼事都放心不下。如今他們全都長眠於黃土之中，然而整個世界仍然好好的。我建議你每個星期站在墓碑前好好想想這些擺在你面前的事實，你也許會有所解脫。」

實業家安靜了下來，與醫生道別。他按照醫生的指示，放慢生活的步調，試著慢慢轉移一部分權力和職責。一年後，讓他想不到的是，企業業績比以往任何一年都好。

Life Wisdom

沒必要把自己搞得緊緊張張的，什麼事都自己扛。雖說正常的緊張可以讓你高效率、富有創造性地工作，但我們如果能夠學會控制緊張，張弛有度，那未嘗不是一件好事，或許還會有意想不到的效果。

以退為進

一位留美的電腦博士，畢業後在美國找工作，結果好多家公司都不錄用他，思前想後，他決定收起所有證書，以一種「最低身分」再去求職。

不久，他被一家公司錄用為程式輸入員，這對他來說，簡直是大材小用，但他仍做得一絲不苟。不久，老闆發現他能看出程式中的錯誤，非一般程式輸入員可以比擬。這時他亮出了學士證書，老闆於是給他換了個與大學畢業生相符的職位。

過了一段時間，老闆又發現他時常能提出許多獨到且有價值的建議，遠比一般大學生還要高明。這時他亮出了碩士證書，老闆於是又提升了他。

再過一段時間，老闆覺得他還是與別人不一樣，就「質詢」他，這時他才拿出博士證書。老闆對他的能力有了全面的認識，就毫不猶豫地重用了他。

Life Wisdom

以退為進，由低到高，這是自我表現的一種藝術。

第三章

相信自己，創造奇蹟

自己就是一座寶藏

馬鈴薯和馬鈴薯是不一樣的

由於學業成績不理想，進入大學後阿凡一天天地消沉起來。蹺課、抽菸、喝酒，不該做的他全做了，不該會的他也全會了。雖然喜歡蹺課，但王教授的課他從沒蹺過。王教授的課生動有趣，對待他這樣的學生，王教授從不歧視，還不時地提問一些簡單的問題，然後表揚一番。

一次，阿凡在作業本裡夾了一張紙條：王教授，現在大學生比馬鈴薯還便宜，是嗎？

那天，王教授把他叫進家裡，四菜一湯，師生兩個喝得不亦樂乎。酒過三巡後，王教授拿出一粒又小又青的馬鈴薯說：「你知道它值多少錢嗎？皮多肉少又有毒，告訴你，白送也不要。」教授把馬鈴薯扔進垃圾筒。接著，教授又拿出一粒一斤多重的馬鈴薯說：「這樣的馬鈴薯，一塊錢一斤！」

然後，教授略帶酒意地說：「記住，馬鈴薯和馬鈴薯是不一樣的。」

Life Wisdom

馬鈴薯的不同在於它們品質的差別，命運的不同在於個人的努力。即使是同樣的人，也會有不同的故事和人生。

你是一顆無價的寶石

一個孤兒向高僧請教如何獲得幸福。高僧指著一塊陋石說：「你把它拿到集市去，但無論誰要買這塊石頭，你都不要賣。」

孤兒來到集市賣石頭，第一天、第二天無人問津，第三天有人來詢問。第四天，石頭已經能賣到一個很好的價錢了。

高僧又說：「你把石頭拿到石器交易市場去賣。」第一天、第二天人們視而不見，第三天，有人圍過來問，以後的幾天，石頭的價格已被抬得高出了石器的價格。

高僧又說：「你再把石頭拿到珠寶市場去賣……」

你可以想像得到，又出現了那種情況，甚至到了最後，石頭的價格已經比珠寶的價格還要高了。

Life Wisdom

世上人與物皆如此。如果你認定自己是一塊不起眼的陋石，那麼你可能永遠只是一塊陋石；如果你堅信自己是一顆無價的寶石，那麼你可能就是一顆寶石。

走出去，承受風雨的襲擊

院子裡有兩棵樹。其中一顆樹因為有高牆的庇護，長得高大挺直，但另一棵樹就大不一樣，因為要承受風雨的襲擊，只得隨風生存，所以樹幹彎曲斑駁，非常難看。

夏天，一場罕見的颱風襲擊了城市。颱風過後，人們被眼前的情形震住了：高牆倒了，那棵挺直的大樹也被齊腰折斷，然而那棵斑駁的樹，雖然又傾斜了一些，但依舊傲然向上。

Life Wisdom

一個人如果一味地尋求庇護，那麼在真正的風雨面前往往會不堪一擊。生存方式上，還是靠自己踏實地行走最好。

莫把沉香在羨慕中拋棄

有一位年老的富翁，非常擔心他從小嬌生慣養的兒子的前途。雖然他有龐大的財產，卻害怕留給兒子反而帶來禍害。他想，與其留財產給兒子，不如教他自己去奮鬥。於是，他把兒子叫來，對兒子說了他如何白手起家，經過艱苦的拼搏才有今天。父親的故事感動了這位從未出過遠門的青年，激發了他奮鬥的勇氣，於是他立下誓願：「如果找不到寶物，絕不返鄉。」

青年打造了一艘堅固的大船，在親友的歡送中出海。他駕船渡過了險惡的風浪，經過無數的島嶼，最後在熱帶雨林中找到一種樹木。這種樹木高達十餘公尺，在一片雨林中只有一、兩株。砍下這種樹木，經過一年時間讓外皮朽爛，留下木心沉黑的部分，會發散出一種無比的香氣。放在水中，它不像別的樹木浮在水面，而會沉到水底去。青年心想：這真是無價的寶物呀！

青年把這香味無以比擬的樹木運到市場出售，可是沒有人來買，這使他非常煩惱。偏偏在與他相鄰的攤位上有人在賣木炭，那小販的木炭總是很快就賣光了。剛開始的時候青年還不為所動，日子一天天過去，他的信心終於動搖了，他想：「既然木炭這麼好賣，為什麼我不把香樹變成木炭來賣呢？」

第二天他把香木燒成炭，挑到市場，果然一會兒就賣光了。青年非常高興自己能改變心態，得意地回家告訴他的老父。但老富翁聽了，卻忍不住落下淚來。原來，青年燒成木炭的香木，正是這個世界上最珍貴的樹木「沉香」，只要切下一小塊磨成粉屑，價值就會超過一車的木炭。

Life Wisdom

許多人手裡有「沉香」卻不知道它的珍貴，反而羨慕別人手中的木炭，最後竟丟棄了自己的珍寶。

別讓環境亂了方寸

一位心理學家做了一個實驗，他讓十個人穿過一間黑暗的房子。在他的引導下，這十個人都成功地穿了過去。

然後，心理學家打開房內的一盞燈。在昏暗的燈光下，這些人看清了房子內的一切，都驚出一身冷汗。原來，這間房子的地面是一個大水池，水池裡有十幾條大鱷魚，水池上方搭著一座窄窄的小木橋。剛才，他們就是從這座小木橋上走過去的。

心理學家問：「現在，你們當中還有誰願意再次穿過這間房子呢？」沒有人回答。過了很久，有三個膽大的人站了出來。其中一個小心翼翼地走了過去，速度比第一次慢了許多；另一個顫顫巍巍地踏上小木橋，走到一半時，竟只能趴在小橋上爬過去；第三個剛走幾步就一下子趴下了，再也不敢向前移動半步。

這時，心理學家又打開房內的另外九盞燈，燈光把房間照得如同白晝。這時，人們看見小木橋下方裝有一張安全網，由於網線顏色極淺，所以他們剛才沒有看見。

「現在，誰願意通過這座小木橋呢？」心理學家問道。這次又有五個人站了出來。

「你們為什麼不願意呢？」心理學家問剩下的兩個人。

「這張安全網牢固嗎？」兩個人異口同聲地反問。

Life Wisdom

很多時候，導致失敗的原因不是智力的低下，而是周圍環境的威懾——面對虛構的危險，很多人早就失去了平靜的心態，慌了手腳，亂了方寸。

學著不生氣

市場上，果販遇到了一位難纏的客人。

「這水果這麼爛，一斤也要賣二．五美元嗎？」客人拿著一個水果左看右看。

「我這水果是很不錯的，不然你去別家比較比較。」

客人說：「一斤二美元，不然我不買。」

小販還是微笑地說：「先生，我一斤賣你二美元，對剛剛向我買的人怎麼交代呢？」

「可是，你的水果這麼爛。」

「不會的，如果是很完美的，可能一斤就要賣五美元了。」小販依然微笑著。

不論客人的態度如何，小販依然面帶微笑，而且笑得像第一次那樣親切。客人雖然嫌東嫌西，最後還是以一斤二．五美元買了。有人問小販何以能始終面帶笑容，小販笑著說：「只有想買貨的人才會指出貨如何不好。」

Life Wisdom

小販完全不在乎別人批評他的水果，並且一點也不生氣，對自己的水果大有信心。我們真的比不上小販——有人說我們兩句，我們就已經氣在心裡口難開，更不用說微笑以對了。

自己才是一支箭

春秋戰國時代，一位父親和他的兒子出征打仗。父親已做了將軍，兒子還只是馬前卒。一陣號角吹響，戰鼓雷鳴了，父親莊嚴地托起一個箭囊，其中插著一支箭。父親鄭重地對兒子說：「這是家傳寶箭，配帶在身邊，力量無窮，但千萬不可抽出來。」

那是一個極其精美的箭囊，厚牛皮打製，鑲著幽幽泛光的銅邊。再看露出的箭尾，一眼便能認定是用上等的孔雀羽毛製作。兒子喜上眉梢，貪婪地推想箭桿、箭頭的模樣，耳旁彷彿有嗖嗖地箭聲掠過，敵方的主帥應聲折馬而斃。

果然，配帶寶箭的兒子英勇非凡，所向披靡。當鳴金收兵的號角吹響時，兒子再也禁不住得勝的豪氣，完全背棄了父親的叮囑，強烈的欲望驅趕著他呼一聲就拔出寶箭，試圖看個究竟。可是，驟然間，他驚呆了：一支斷箭！箭囊裡裝著一支折斷的箭！我竟然帶著一支斷箭打仗！

兒子嚇出了一身冷汗，彷彿頃刻間失去支柱的房子，意志轟然坍塌了。結果不言自明，兒子慘死於亂軍之中。

Life Wisdom

自己才是一支箭，若要它堅韌，若要它鋒利，若要它百步穿楊，百發百中，磨礪它的都只能是自己。不相信自己的意志，永遠也做不成將軍。

這不僅是上天的恩賜

有位勤勞的農夫在一塊無人肯播種的荒地上辛苦耕作。路人看到他在這塊堆滿了磚瓦和生滿樹根的瘦土裡耕作，都嘲笑他：「喂，老頭，你是在挖金子吧！」

對於路人的嘲笑，農夫是一聲不吭，埋頭苦幹，清除了磚瓦，剷除了地下盤繞的樹根，然後開始整理，施肥。一晃幾年過去了，到了收穫時節，農夫滿懷喜悅地在田裡收穫。這時，一位趕著牛車的年輕人對老農喊道：「喂，老大爺，你哪輩子積了大德，上天恩賜了你這麼一塊肥沃的土地。」

農夫擦了一下臉上的汗珠，大聲回答：「年輕人，上天恩賜我這塊寶地時，人家都罵我是個老傻瓜。」

許多人只看到別人成功後的顯赫、富足，從不過問他成功之前的艱辛和苦累，這也許就是世界上八〇%的人們仍然在貧困和平庸中掙扎的原因吧。

把難度再調高一點

一位音樂系的學生走進練習室。在鋼琴上，擺著一份全新的樂譜。

「超高難度……」他翻著樂譜，喃喃自語，感覺自己對彈奏鋼琴的信心似乎跌到谷底，消弭殆盡。已經三個月了！自從跟了這位新的指導教授之後，不知道為什麼教授要以這種方式整人。勉強打起精神，他開始用自己的十指奮戰、奮戰、奮戰……琴音蓋住了教室外面教授走來的腳步聲。

指導教授是個極其有名的鋼琴家。授課的第一天，他給自己的學生一份樂譜。「試試看吧！」他說。樂譜的難度頗高，學生彈得生澀僵滯、錯誤百出。「還不成熟，回去好好練習！」教授在下課時，如此叮囑學生。

學生練習了一個星期，第二週上課時，正準備讓教授驗收，沒想到教授又給他一份難度更高的樂譜，「試試看吧！」上星期的課教授也沒提。學生再次掙扎著接受更高難度的技巧挑戰。

第三週，更難的樂譜又出現了。同樣的情形持續著，學生每次在課堂上都被一份新的樂譜所困擾，然後把它帶回去練習，接著再回到課堂上，重新面臨兩倍難度的樂譜，卻怎麼樣都追不上進度，一點也沒有因為上週練習而有駕輕就熟的感覺，學生感到越來越不安、越來越沮喪和氣餒。

教授走進練習室。學生再也忍不住了，他向鋼琴家提出這三個月來何以不斷折磨自己。教授沒開口，他抽出最早的那份樂譜，交給了學生。「彈奏吧！」他以堅定的目光望著學生。

不可思議的事情發生了，連學生自己都驚訝萬分，他居然可以將這首曲子彈奏得如此美妙、如此精湛！教授又讓學生試了第二堂課的樂譜，學生依然呈現出超高水準的表現……演奏結束後，學生怔怔地望著教授，說不出話來。

「如果我任由你表現最擅長的部分，可能你還在練習最早的那份樂譜，就不會有現在這樣的程度……」鋼琴家緩緩地說。

Life Wisdom

人們往往習慣於表現自己所熟悉、所擅長的領域。但如果你願意回首就會恍然大悟：從前看似緊鑼密鼓的工作挑戰，永無歇止難度漸升的環境壓力，早在不知不覺間讓你練就了今日的高超技藝。

自己就是一座寶藏

美國《多倫多日報》曾刊登一則頭條新聞：身價十萬美金的老乞丐死了！這條新聞轟動一時，成為街頭巷尾人們茶餘飯後的熱門話題。這條新聞敘述了一名老乞丐，每天在街頭行乞及收集一些人們丟棄不要的東西，然後帶回破爛不堪的居所。人們基於同情，往往都會給他幾個硬幣，日復一日，年復一年，在人們的心目中，他只是一個窮乞丐罷了。

然而，第二次世界大戰過後不久，這名老乞丐病死了，由於他沒有親友，警方便前來處理善後，這時，警方竟在他那間木屋內發現了總值超過十萬美元的硬幣及舊錢！許多人知道後，都不約而同地問：為什麼老乞丐不利用這些錢，過上好日子呢？

Life Wisdom

每個人都擁有取之不盡、用之不竭的寶藏。我們不要像老乞丐那樣，只是向人乞討，希望得到別人的憐憫。反之，應盡情發揮自己的才華及潛能，讓自己的價值得到應有的體現。

真正的生命藥方

兩個盲人靠說書彈三弦糊口，老者是師傅，七十多歲；徒弟不到二十歲。師傅已經彈斷了九百九十九根弦子，離一千根只剩下一根了。師傅的師傅臨死時曾對師傅說：「我這裡有一張復明的藥方，我將它封進你的琴槽中，當你彈斷第一千根琴弦時，才可取出藥方。記住，你彈斷每一根弦時都必須是盡心盡力的，否則，再靈的藥方也會失去效用。」

那時，師傅只是二十歲的青年，可如今，他已皓髮銀鬚。五十年來，他一直懷著復明的夢想。他知道，那是一張祖傳的秘方。但是他的師傅記錯了應彈斷弦子的數目，八百根時就打開了那張紙，所以他至死也未復明。

一聲脆響，師傅心頭一陣狂喜，甚至顧不上和前來聽他彈琴的鄉親們說聲抱歉，也顧不上帶上徒弟，就一個人向城中的藥舖匆匆趕去。

當他滿懷虔誠、滿懷期望等取草藥時，掌櫃告訴他：那是一張白紙。他的心「咚」地跌入冰窖，腦袋裡「嗡」地響了一下，他努力抓住櫃檯平衡身體，平靜下來後，他明白了一切：他不是早就得到了那個藥方了嗎？曾經因為有這個復明藥方的召喚，他才有了生存的勇氣。他在謀生中，說書彈弦，受人尊敬，他學會了愛與被愛，在生存的快樂中，他早忘記自己是個盲人——他其實早已復明於那些勞碌的時刻。

回家後，他鄭重地對徒弟說：「我這裡有一個復明的藥方。我將它封入你的琴槽，當你彈斷第一千兩百根弦時，才能打開它，記住：必須用心去彈，師傅將這個數錯記為一千根了……」

徒弟虔誠地允諾著，他看不見師傅的一雙枯眼已噙滿淚水，師傅心中暗暗的想：也許他一生也彈不斷一千兩百根弦……

Life Wisdom

點悟心靈才是真正的生命藥方，它可讓盲人永遠活在光明中。但許多健康人卻一直生活在黑暗中——他們對身邊的美視若無睹！

學做一杯雞尾酒

在一次盛大的宴會上，中國人、俄國人、德國人、義大利人都爭相誇耀自己的酒，只有美國人笑而不語。中國人首先拿出古色古香、做工精細的茅台，打開瓶蓋，香氣四溢，眾人為之稱道。

緊接著，俄國人拿出伏特加，義大利人亮出葡萄酒，德國人取出威士忌，真是異彩紛呈呀！

最後，大家都把目光投向了美國人，想看看他到底能拿出什麼來。結果，那美國人不慌不忙地站起來，把大家先前拿出來的各種美酒分別倒了一點在一只酒杯裡，將它們兌在一起，說：「這叫雞尾酒，它體現了我們美國民族的精神——博採眾長，綜合創造……」

的確，這酒既有茅台的醇，又有伏特加的烈；既有葡萄酒的酸甜，又有威士忌的後勁……

Life Wisdom

每個人都各有所長，如果我們能博採眾長，吸取別人的優點，集中大家的力量，認真傾聽別人的意見，那麼我們的人生何愁不豐盈圓滿呢？

讓幸運來敲門

意外的收穫

有個人自從生下來，就對麵包有著無比濃厚的興趣，聞到麵包的香味就如痴如醉。長大後，他如願以償地做了麵包師傅。

他做麵包時要講條件：要有絕對精良的麵粉和黃油；要有一塵不染、閃光晶亮的器皿；助手的長相要賞心悅目；伴奏的音樂要稱心如意。他說這四個條件缺一不可，否則就醞釀不出情緒，沒有創作靈感。

這位麵包師傅完全把麵包當作藝術品，哪怕只有一勺黃油不新鮮，他也要大發雷霆，認為那簡直是難以容忍的褻瀆。哪一天要是沒做麵包，他就會滿心愧疚：饞嘴的孩子和挑剔的小姐只能去吃那些粗製濫造的麵包了。

他從來不去想今天少做了多少生意，然而他的生意卻出人意料地好，超過了所有比他更聰明、更努力賺錢的人。

Life Wisdom

世間的許多事情都是如此。當你刻意追逐時，成功就像蝴蝶一樣振翅飛遠；當你摒去表面的凡塵雜念，專心致力於一項事情時，那意外的收穫已在悄悄問候你。

你還等什麼

一九七三年，英國利物浦市一個叫科萊特的青年，考入了美國哈佛大學，常和他坐在一起聽課的是一位十八歲的美國小夥子。大學二年級那年，這位小夥子和科萊特商議，一起退學，去開發32Bit財務軟體，因為新編教科書中，已解決了進位制路徑轉換問題。

當時，科萊特感到非常驚詫，因為他來這兒是求學的，不是來鬧著玩的。再說對Bit系統，墨爾斯博士才教了點皮毛，要開發Bit財務軟體，不學完大學的全部課程是不可能的。他委婉地拒絕了那位小夥子的邀請。

十年後，科萊特成為哈佛大學電腦系Bit方面的博士研究生，那位退學的小夥子也是在這一年，進入了美國《福布斯》雜誌億萬富豪排行榜。

一九九二年，科萊特繼續攻讀，讀到了博士後，那位美國小夥子的個人資產，在這一年僅次於華爾街大亨巴菲特，達到六十五億美元，成為美國第二富豪。

一九九五年，科萊特認為自己已具備了足夠的學識，可以研究和開發 32Bit 財務軟體了，而那位小夥子已繞過 Bit 系統，開發出新的財務軟體——Eip 比 Bit 快一千五百倍，在兩週內就佔領了全球市場。

這一年小夥子成了世界首富，一個代表著成功和財富的名字——比爾．蓋茲也隨之傳遍全球的每個角落。

Life Wisdom

比爾．蓋茲在哈佛沒畢業就創業去了，假如他等到學完所有知識再去創辦微軟，他還會成為世界首富嗎？對一件事，如果等所有條件都成熟才行動，那麼他也許得永遠等下去了。

收集生命中的鵝卵石

一天晚上，一群游牧部落的牧民正準備安營紮寨休息時，忽然被一束耀眼的光芒所籠罩。他們知道神就要出現了。因此，他們滿懷殷切地期盼、恭候著來自上蒼的重要旨意。最後，神終於說話了：「你們要沿路多撿一些鵝卵石，把它們放在你們的馬褡子裡。明天晚上，你們會非常快樂，但也會非常懊悔。」

說完，神就消失了。牧民們感到非常失望，因為他們原本期盼神能夠給他們帶來無盡的財富和健康長壽，沒想到神卻吩咐他們去做這件毫無意義的事。但不管怎樣，那畢竟是神的旨意，他們雖然有些不滿，仍舊各自撿拾了一些鵝卵石，放在他們的馬褡子裡。

就這樣，他們又走了一天，當夜幕降臨，他們開始安營紮寨時，忽然發現他們昨天放進馬褡子裡的每一顆鵝卵石竟然都變成了鑽石。他們高興極了，同時也懊悔極了，後悔沒有撿拾更多的鵝卵石。

Life Wisdom

有許多眼前看似鵝卵石的東西被我們視如敝屣般地丟棄了，然而，有一天當我們需要它的時候，它就變成了鑽石，而我們卻不得不為以前丟棄它而懊悔不已。

別連心願石也丟下海

有個年輕人，想發財想到幾乎發瘋的地步。每每聽到哪裡有財路，他便不辭勞苦地去尋找。有一天，他聽說附近深山中有位白髮老人，若有緣與他見面，則有求必應，肯定不會空手而歸。於是，那年輕人便連夜收拾行李，趕上山去。

他在那兒苦等了五天，終於見到了傳說中的老人，他向老人請求恩賜珠寶。老人告訴他說：「每天早晨，太陽未升起時，你到村外的沙灘上尋找一粒『心願石』。

「其他石頭是冷的，而那顆『心願石』卻與眾不同，握在手裡，你會感覺到很溫暖而且會發光。一旦你尋到那顆『心願石』，你所祈禱的東西就都可以實現了。」

年輕人很感激老人，便趕快回村去。每天清晨，他在沙灘上尋找石頭，只要發覺不溫暖也不發光的，他便丟下海去。日復一日，月復一月，年輕人在沙灘上尋找了大半年，始終沒找到溫暖發光的「心願石」。

有一天，他如往常一樣，在沙灘開始撿石頭。一發覺不是「心願石」，他便丟下海。一粒、二粒、三粒……突然，「哇——！」的一聲，年輕人哭了起來，因為他剛才習慣地將那顆「心願石」隨手丟下海以後，才發覺它是「溫暖」的！

Life Wisdom

當一切都熟視無睹時，我們不僅遺失了思想，更放過了許多成功的機遇——因為習慣，我們放棄了許多發現的機會。

誰說上帝沒來

有個信仰十分虔誠的老先生，夜裡夢見上帝次日要來拜訪他。老先生從夢中驚醒，非常高興，於是用心地計畫要如何款待上帝。

他費心準備了許多美食和珍貴的禮物等待上帝的到來。可是直到天黑，上帝都沒有來，等著等著，他睡著了。在夢中，他聽見上帝呼喚他，並謝謝他的招待。

老先生納悶地說：「上帝啊！我等了一整天，您都沒有來。為何還謝謝我？」

孤兒。」

上帝說：「我今天已到你家三次。我就是喝你冰水的郵差、吃你美食的乞丐和收你禮物的

誰說上帝沒來？其實人人都是上帝，當然也包括我們自己。

取得之前先學會付出

有個人在沙漠中行走了兩天。途中遇到暴風沙。一陣狂沙吹過之後，他已認不得正確的方向。正當又累又渴快撐不住時，突然他發現了一幢廢棄的小屋。他拖著疲憊的身子走進了屋內。這是一間不通風的小屋，裡面堆了一些枯朽的木材。他幾近絕望地走到屋角，卻意外地發現了一座抽水機。

他興奮地上前汲水，但任憑他怎麼抽水，也抽不出半滴。他頹然坐地，卻看見抽水機旁有一個用軟木塞堵住瓶口的小瓶子，瓶上貼了一張泛黃的紙條，紙條上寫著：你必須用水灌入抽水機才能引水！不要忘了，在你離開前，請再將水裝滿！他拔開瓶塞，發現瓶子裡果然裝

滿了水！

他的內心此時開始掙扎著：如果自私點，只要將瓶子裡的喝掉，他就不會渴死，就能活著走出這間屋子！如果照紙條做，把瓶子裡的水倒入抽水機內，萬一水一去不回，他就會渴死在這個地方了……到底要不要冒險？

最後，他決定把瓶子裡的水，全部灌入看似破舊不堪的抽水機裡。他以顫抖的手汲水，水真的大量湧了出來！他將水喝足後，把瓶子裝滿水，用軟木塞封好，然後在原來那張紙條後面，再加上他自己的話：相信我，真的有用。在取得之前，要先學會付出。

Life Wisdom

在取得之前，要先學會付出。一分付出，一分收穫。想要比別人收穫的多，你就必須比別人付出的多。

機會之神等待你繼續敲門

那是他第一次面試，也是他印象最深刻的一次面試。

那天，他揣著一家著名廣告公司的面試通知，興沖沖地提前十分鐘到達了那座大廈的一樓大廳裡。當時他很有自信，因為他學業成績好，年年都拿獎學金。

廣告公司在這座大廈的十八樓。這座大廈管理很嚴，兩位精神抖擻的保安分立在兩個門口旁，他們之間的條形桌上有一塊醒目的標牌：「來客請登記。」

他上前詢問：「先生，請問一八一〇室怎麼走？」保安抓起電話，過了一會兒說：「對不起，一八一〇室沒人。」

「不可能吧，」他忙解釋：「今天是他們面試的日子，你看，我這裡有面試通知。」那位保安又拿起電話，一會兒後回答：「對不起，先生，一八一〇室還是沒人；我們不能讓您上去，這是規定。」

時間一秒一秒地過去。他心裡雖著急，但也只有耐心地等待，同時祈禱該死的電話能夠接通。已經超過約定時間十分鐘了，保安又一次彬彬有禮地告訴他電話沒通。

他當時壓根也沒想到第一次面試就吃了這樣的「閉門羹」。面試通知明確規定：「遲到十分鐘，取消面試資格。」他猶豫了半天，只得自認倒楣地回到了學校。

晚上，他收到一封電子郵件：「先生，您好！也許您還不知道，今天下午我們就在大廳裡對您進行了面試，很遺憾您沒通過。您應當注意到那位保安先生根本就沒有撥號。大廳裡還有別的公用電話，您完全可以自己詢問一下。我們雖然規定遲到十分鐘取消面試資格，但您為什麼立即放棄而不再努力一下呢？祝您下次成功！」

Life Wisdom

別輕易就放棄。有時候機會就隱藏在放棄與選擇的拐角處，再堅持一下，機會就屬於你了——機會之神正等待你繼續敲門。

你的心怎麼看待

有一個人，他生前善良且熱心助人，所以在他死後，升上天堂，做了天使。當了天使後，他仍時常到凡間幫助人，希望感受到幸福的味道。

一日，他遇見一個農夫，農夫的樣子非常苦惱，他向天使訴說：「我家的水牛剛死了，沒牠幫忙犁田，我怎麼下田耕作呢？」於是天使賜農夫一隻健壯的水牛，農夫很高興。天使在他身上感受到幸福的味道。

又一日，他遇見一個男人，男人非常沮喪，他向天使訴說：「我的錢被騙光了，沒盤纏回鄉。」於是天使給他錢做旅費，男人很高興。天使在他身上感受到幸福的味道。

又一日，他遇見一個詩人，詩人年輕、英俊，有才華且富有，並有一個溫柔貌美的妻子，但他卻過得不快活。天使問他：「你不快樂嗎？我能幫你嗎？」

詩人對天使說：「我什麼都有，只欠一樣東西，你能夠給我嗎？」

天使回答說：「可以，你要什麼我都可以給你。」

詩人直直地望著天使：「我要的是幸福。」

這下子把天使難倒了，天使想了想，說：「我明白了。」然後把詩人所擁有的都拿走了。天使拿走詩人的才華，毀去他的容貌，奪去他的財產和他妻子的性命，天使做完這些事後便離去了。

一個月後，天使再回到詩人的身邊，他那時餓得半死，衣衫襤褸地躺在地上掙扎。於是，天使把他的一切還給他，然後又離去了。半個月後，天使再去看看詩人。這次，詩人摟著妻子，不斷向天使道謝。因為，他得到幸福了。

Life Wisdom

幸福就在你面前。肚子餓時，有一碗熱麵放在你眼前，幸福；累得半死時，撲上軟軟的床，幸福；哭得要命時，旁邊遞來一張紙巾，幸福。幸福與否，端看你的心怎麼看待。

第四章

成功的關鍵

辦法總比問題多

如果沒有一條清晰的航線

哲學家漫步於田野中，發現水田當中新插的秧苗竟排列得如此整齊，猶如用尺規量過一樣。他不禁好奇地問田中的老農是如何辦到的。

老農忙著插秧，頭也不抬，他要哲學家自己插插看。哲學家捲起褲管，喜孜孜地插完了一排秧苗，結果竟慘不忍睹，參差不齊。他再次請教老農，老農告訴他，在彎腰插秧時，眼睛一定要盯住一樣東西。

哲學家照做，不料他這次插好的秧苗，竟成了一道彎曲的弧線。

老農問哲學家：「你是否盯住了一樣東西？」

「是啊，我盯住了那邊吃草的水牛，牠可是一個大目標啊！」

「水牛邊走邊吃草，而你插的秧苗也跟著牠移動，你想你插的秧苗能不成弧形嗎？」

哲學家恍然大悟。這次，他選定了遠處的一棵大樹作為目標，果然插出來的秧苗非常整齊。

Life Wisdom

老農並不比哲學家有智慧，但他懂得比照清晰的目標做事。沒有清晰目標的航船，就永遠沒有一條清晰的航線。沒有一條清晰的航線，又何談抵達終點呢？

死了的人沒有問題

企業家坐在餐廳的角落裡，獨自喝著悶酒。一位熱心人走上去問道：「您有什麼難題不妨說出來，我也許能幫助您。」

企業家看了他一眼，冷冷地說：「我的問題太多了，沒有人能夠幫我的忙。」

這位熱心人立刻掏出名片，要企業家明天到他的辦公室一趟。

第二天，企業家依約前往。這位熱心人說：「走，我帶你到一個地方。」企業家不知道他葫蘆裡賣的是什麼藥。

熱心人用車子把企業家帶到荒郊野外的墓地。兩人下了車後，熱心人指著那些墳墓對企業家說：「你看看吧，只有躺在這裡的人才統統是沒有問題的。」

企業家恍然大悟。

Life Wisdom

只有死了的人才沒有問題。成功旅途中只要有問題，就有成功的希望；只要敢於正視和解決問題，成功就有可能。

學著在腦海中彈鋼琴

有位鋼琴家在戰爭中被敵軍俘虜了，他被囚禁在剛好能棲身的籠子裡，一關就是七年。七年過去了，他的身體已被折磨得不成人形，周圍的同伴也一個接一個地死亡。可是，他的心中仍充滿著一定要活下去的強烈欲望。

戰爭結束後，鋼琴家被遣返回國，開始他新的生活。人們驚奇地發現，他彈鋼琴的造詣和熟練程度不但沒有減退，反而比被俘虜之前還精湛。

原來，在被俘虜的那段期間，為了克服極度的恐懼並且鼓勵自己活下去，鋼琴家每天都在腦海中彈鋼琴：所有的動作都與真實的沒有兩樣，七年下來，每一個細節他都記得一清二楚。

Life Wisdom

你的成功歷程正如你的所思所想。你將來想在生活中實現什麼，你的頭腦現在就要經常出現什麼畫面。

把自己當成做錯事的人

張李兩戶人家緊鄰而居，但家庭氣氛卻大大不同。張家的人相處其樂融融，生活幸福美滿，而李家的人則經常爭吵，每天都鬧得雞犬不寧。

有一天，李家的人忍不住來問張家的人說：「你們家為什麼從不爭吵？你們和睦相處的祕訣是什麼？」

張家的人回答：「其實答案很簡單，因為我們這一家人都認為自己是做錯事的人，而你們一家人都認為自己是做對事的人。」

Life Wisdom

一個人經歷一次忍讓，就會獲得一次人生的亮麗；經歷一次寬容，就會打開一道愛的大門。人際交往中，先認錯先禮讓，許多問題自然迎刃而解。

打開他的心

一把堅實的大鎖掛在大門上，一根鐵桿費了九牛二虎之力，還是無法將它撬開。鑰匙來了，它瘦小的身子鑽進鎖孔，只輕輕一轉，大鎖就「啪」地一聲打開了。

鐵杆奇怪地問：「為什麼我費了那麼大的力氣也打不開，而你卻輕而易舉地就把它打開了呢？」

鑰匙說：「因為我最瞭解它的心。」

Life Wisdom

每個人的心，都像上了鎖的大門，再粗的鐵棒也撬不開。唯有關愛，瞭解別人，才能把自己變成一支細膩的鑰匙，進入別人的心中。

別在自己的小圈子裡沉醉

有兩個飢餓的人得到了一位長者的恩賜：一根魚竿和一簍鮮活碩大的魚。其中，一個人要了一簍魚，另一個人要了一根魚竿，於是他們分道揚鑣了。

得到魚的人原地就用乾柴搭起篝火煮起了魚，他狼吞虎嚥，還沒有品出鮮魚的肉香，轉眼間，連魚帶湯就被他吃了個精光，不久，他便餓死在空空的魚簍旁。另一個人則提著魚竿繼續忍飢挨餓，一步步艱難地向海邊走去，可當他看到不遠處那片蔚藍色的海洋時，他全身的最後一點力氣也用完了，他也只能眼巴巴地帶著無盡的遺憾撒手人寰。

又有兩個飢餓的人，他們同樣得到了長者恩賜的一根魚竿和一簍魚。只是他們並沒有各奔東西，而是商定共同去找尋大海，他倆每次只煮一條魚，他們經過長途跋涉，來到了海邊。從此，兩人開始了以捕魚維生的日子。幾年後，他們蓋起了房子，有了各自的家庭、子女，有了自己建造的漁船，過上了幸福安康的生活。

Life Wisdom

只會在自己小圈子裡沉醉的人死了，懂得合作的人卻過上了好日子。合作——在你最需要的時候，它能幫助你克服各種混亂。

只要我們能仔細傾聽

小貓長大了。

有一天，貓媽媽把小貓叫來，說：「你已經長大了，三天之後就不能再喝媽媽的奶，要自己找東西吃。」

小貓惶惑地問媽媽：「媽媽，那我該吃什麼東西呢？」

貓媽媽說：「你要吃什麼食物，媽媽一時也說不清楚，就用我們祖先留下的方法吧！這幾天夜裡，你躲在人們的屋頂上、樑柱間、陶罐邊，仔細地傾聽人們的談話，他們自然會教你的！」

第一天晚上，小貓躲在樑柱間，聽到一個大人對孩子說：「小寶，把魚和牛奶放在冰箱裡，小貓最愛吃魚和牛奶了。」

第二天晚上，小貓躲在陶罐邊，聽見一個女人對男人說：「老公，幫我的忙，把香腸和臘肉掛在樑上，小雞關好，別讓小貓偷吃了。」

第三天晚上，小貓躲在屋頂上，從窗戶看到一個婦人叨念著自己的孩子：「乳酪、肉鬆、魚乾吃剩了，也不會收好，小貓的鼻子很靈，明天你就沒得吃了。」

就這樣，小貓每天都很開心，牠回家告訴貓媽媽：「媽媽，果然像您說的一樣，只要我仔細傾聽，人們每天都會教我該吃些什麼。」

靠著傾聽別人談話，學習生活的技能，小貓終於成為一隻身手敏捷、肌肉強健的大貓，牠後來有了孩子，也是這樣教導孩子的：「仔細地傾聽人們的談話，他們自然會教你的。」

Life Wisdom

只要我們仔細傾聽，世界每天也會教我們該如何生存的。高聲吆喝只會喪失學習機會，唯有保持聆聽才能獲得更多，看得更深。

相生互旺，相克互損

在一間工具房裡，有一些工具聚在一起開會，大夥商量要怎樣對付一塊堅硬的生鐵。

斧頭首先耀武揚威地說：「讓我來，我可以一下子就把它解決了。」於是斧頭很用力地對著鐵塊砍下去。可是只有一會兒的工夫，斧頭便鈍了，刀刃都捲了起來。

「還是讓我來吧！」鋸子信心十足地說。它用鋒利的鋸齒在鐵塊上面來回地鋸，但是沒有多久，鋸齒都鋸斷了。

這時錘子笑道：「你們真沒用，退到一邊去，讓我來顯顯身手。」於是錘子對鐵塊一陣猛錘猛打，其聲震耳。但錘了好久，錘子的頭也掉了，鐵塊依然無恙。

「我可以試試嗎？」小小的火焰在旁邊請求說。大家都瞧不起它，但還是給它一個機會試試。

小火焰輕輕地盤繞著鐵塊，不停地燒，不停地燒。過了一段時間，在它堅忍的熱力之下，整個鐵塊終於燒紅了。又過了一會兒，鐵塊開始熔化了。再過一會兒，鐵塊完全熔化了。

Life Wisdom

萬物相生相剋，我們應學會利用老祖宗留給我們的這一規律辦事。「相生」互旺，「相克」互損，就看我們如何取捨。

擦乾淨你的窗

有個太太多年來不斷抱怨對面的太太很懶惰：「那個女人的衣服永遠洗不乾淨，看，她晾在外面院子裡的衣服，總是有斑點，我真的不知道，她怎麼連洗衣服都洗成那個樣子……」

直到有一天，有個朋友到她家，才發現不是對面的太太衣服洗不乾淨。細心的朋友拿了一塊抹布，把窗戶上的灰漬抹掉，說：「看，這不就乾淨了嗎？」

原來，是自己家的窗戶髒了。

Life Wisdom

擦乾淨你的窗。別光埋怨別人，也許你擦亮眼睛之後才明白：別人身上的問題，恰恰是因為我們自己的眼睛有問題啊。

制定合理的分粥方案

有七個人曾經住在一起，每天分一大桶粥。要命的是，粥每天都是不夠的。

一開始，他們抓鬮決定誰來分粥，每天輪一個。於是乎每週下來，他們只有一天是飽的，就是自己分粥的那一天。後來，他們開始推選出一個道德高尚的人出來分粥。但是，強權就會產生腐敗，大家便開始挖空心思地討好他，賄賂他，搞得整個小團體烏煙瘴氣。於是，大家開始組成三人的分粥委員會及四人的評選委員會，互相攻擊，結果，粥吃到嘴裡全是涼的。

最後，大家想出一個方法，那就是輪流分粥，但分粥的人要等其他人都挑完後拿剩下的最後一碗。為了不讓自己吃到最少的，每個人都盡量分得平均，就算不平，也只能認了。大家快快樂樂，和和氣氣，日子越過越好。

Life Wisdom

同樣是七個人，不同的分配制度，就會有不同的風氣。所以，一個組織如果有不好的工作習氣，一定是機制問題，一定是沒有完全公平、公正、公開，沒有嚴格的獎勤罰懶制度。

太容易到手的東西往往沒人珍惜

一位遊人到鄉間旅行，看到一位老農把餵牛的草料鏟到一間小茅屋的屋簷上，不免感到奇怪，於是就問道：「老公公，你為什麼不把餵牛的草放在地上，方便牠直接吃呢？」

老農說：「這種草草質不好，我要是放在地上牠就不屑一顧；但是我放到讓牠勉強可以搆得到的屋簷上，牠就會努力去吃，直到把全部的草料吃個精光。」

Life Wisdom

太容易到手的東西往往沒人珍惜。很多時候，一個頭銜、一點獎勵，哪怕官職再小、獎品再薄，也不要輕易授人，最好能夠激勵別人透過公平競爭去獲得。授人以漁，不如授人以欲。

先製造出矛盾來

有一個推銷員，他以能夠賣出任何東西而出名。他已經賣給牙醫一支牙刷，賣給麵包師一個麵包，賣給瞎子一台電視機。但他的朋友對他說：「只有賣給駝鹿一個防毒面具，你才算是一個優秀的推銷員。」

於是，這位推銷員不遠千里來到北方，那裡是一片只有駝鹿居住的森林。「您好！」他對遇到的第一隻駝鹿說：「您一定需要一個防毒面具。」

「這裡的空氣這麼清新，我要它幹什麼！」駝鹿說。

「現在每個人都有一個防毒面具。」

「真遺憾，我並不需要。」

「您稍候，」推銷員說：「您已經需要一個了。」說著，他開始在駝鹿居住的林地中央建造一座工廠。

「你真是發瘋了！」他的朋友說。

「不，我只是想賣給駝鹿一個防毒面具。」

當工廠建成後，許多有毒的廢氣從大煙囪中滾滾而出不久，駝鹿就來到推銷員處對他說：

「現在我需要一個防毒面具了。」

「這正是我想的。」推銷員說著，便賣給了駝鹿一個。

駝鹿說：「別的駝鹿現在也需要防毒面具，你還有嗎？」

「你真走運，我還有成千上萬個。」

「可是你的工廠裡生產什麼呢？」駝鹿好奇地問。

「防毒面具。」推銷員興奮而又簡潔地回答。

Life Wisdom

需求有時候是製造出來的，解決矛盾的高手往往先製造出矛盾來。

發現人生的金幣

找到關鍵點

美國福特汽車公司要排除一台大型發動機的故障，請了很多人都束手無策，最後請來了德國著名的電機專家斯坦門茨。

斯坦門茨圍著機器轉了兩圈後，用粉筆在機器外殼的某處畫了一個「×」，然後吩咐公司負責人說：「把做記號處的線匝減少十六匝。」難題迎刃而解。

斯坦門茨索要了一萬美元的報酬，許多人不解地議論紛紛，說畫一個「×」就要一萬美元，實在是太多了。斯坦門茨回答道：「用粉筆畫一個『×』值一美元，知道在哪裡畫『×』值九千九百九十九美元。」

此語一出，眾人皆默然。

畫「×」是人人都能做到的，知道具體在哪裡畫「×」卻是極少數人才具備的才能。許多人常常抱怨自己的待遇太低，卻很少在心底問過：自己是否具備獲取高報酬的本領？

尋找人生的金幣

夜晚，一個人在房間裡四處搜索著什麼東西。

有一個人問道：「你在尋找什麼呢？」

「我丟了一枚金幣。」他回答。

「你把它丟在客廳，還是廚房？」第二個人問。

「都不是。我把它丟在房間外面的草坪上了。」他又回答。

「那你為什麼不到外面去找呢？」

「因為那裡沒有燈光。」

方向比努力更重要，在錯誤的地方怎能找到自己想要的東西。若要有所收穫，必須選擇正確的方向。

別讓恐懼害了你

二戰期間，德國科學家為了執行希特勒的命令，做了一項慘無人道的心理實驗。他們告訴一位俘虜：將在他身上做一項實驗——割斷動脈，看他血流光後的生理反應。

士兵把戰俘綁在實驗台上，用黑布蒙住眼睛，然後用很薄的冰塊在腕上劃了一下。同時，科學家在他的手腕上放了一個吊瓶——瓶裡的水跟人體血液同溫，吊瓶管子的一端，放在這個戰俘的手腕上方。水從他的手腕慢慢地流下，滴到下面放著的一個鐵桶裡。這個戰俘聽著「滴答」、「滴答」的水聲，以為是自己的血在往外流。然而，他的手腕並沒有被劃破。

過了一個小時，這個戰俘真的死了，他死去的反應跟失血而死的人一模一樣。他相信自己被放了血，因恐懼導致死亡。

Life Wisdom

人們通常都是被自己相信或懷疑的東西所戰勝。人的潛意識分不清事情的真假，任何的想像，只要不斷地重複，都有可能變為現實。

不斷丟棄你的錯誤

愛因斯坦被帶到普林斯頓高級研究所辦公室的那天，管理人員問他需要什麼用具。愛因斯坦回答說：「我看，一張桌子或檯子，一把椅子和一些紙張鋼筆就行了。啊，對了，還要一個大廢紙簍。」

「為什麼要大的？」

「好讓我把所有的錯誤都扔進去。」

Life Wisdom

追求卓越的過程，其實就是不斷丟棄錯誤的過程。丟棄錯誤，我們才會看到一條向上的路。

不完美是客觀存在的

著名的音樂家托馬斯·傑斐遜其貌不揚，他在向妻子瑪莎求婚時，還有兩位情敵也在追求瑪莎。

一個星期天，傑斐遜的兩個情敵在瑪莎的家門口碰上了。於是，他們準備聯合起來羞辱傑斐遜。可是，這時門裡傳來優美的小提琴聲，還有一個甜美的聲音在伴唱。如水的樂曲在房屋周遭流淌著，兩個情敵此時竟沒有勇氣去敲瑪莎家的門，他們心照不宣地走了，再也沒有回來過。

Life Wisdom

傑斐遜並不完美，也不出眾，但他有小提琴和音樂才華，就可以戰勝了。對於每個人來講，不完美是客觀存在的。生命的可貴之處，在於看到自己的不足之處後，能坦然面對。

把絆腳石變成墊腳石

一個走夜路的人碰到一塊石頭，重重地跌倒了。他爬起來，揉著疼痛的膝蓋繼續向前走。他走進了一個死胡同。前面是牆，左面是牆，右面也是牆。前面的牆剛好比他高一個頭，他費了很大的力氣也攀不上去。

忽然，他靈機一動，想起了剛才絆倒他的那塊石頭：「為什麼不把它搬過來墊在腳底下呢？」他返了回去，費了很大力氣，才把那塊石頭搬了過來，放在牆下。踩著那塊石頭，他輕鬆地越過了那堵牆。

Life Wisdom

逆境人人都會遇到，但是更多的人被絆腳石絆倒以後就再也爬不起來了。如果能想到去化不利為有利—把絆腳石變成墊腳石，那人生豈不是有另外一番風景？

年輕沒有失敗

有一位跨國公司老總，在一次員工大會上講述了他在美國留學打工時的求職經歷。

剛到美國時，他和許多中國留學生一樣，在未拿到美國人承認的文憑之前，只有靠體力在餐館、貨場打工來維持自己的學業。半年後，他對這種在美國最底層的打工生活感到厭倦和不滿，急切地想換換環境。

一天，他在報紙上看到有位教授想招聘一名助教的廣告。心想：做助教，薪水不菲，還有利於自己的學業，於是他報了名。經過篩選，共有三十六人取得了報考資格，其中包括他在內的五名中國留學生。

但入圍者都在暗暗嘆息希望太渺茫了，甚至有人想退出。就在他一頭埋進圖書館裡查閱資料，為決賽做準備時，另外四名入圍的中國留學生退出了決賽。因為他們剛剛打聽到，這位教授曾在朝鮮戰場上當過中國人民志願軍的俘虜，肯定會對中國人存有偏見。

聽到這個不祥的消息，他不由得驚出一身冷汗。大家也都勸他放棄這場註定失敗的考試，還不如趁早去尋找別的機會。在失望之中，他逐漸冷靜了下來，堅持一定要搏一搏：「就是教授真的對中國人有偏見，我也應該用行動證明給他看，我是優秀的。」

考試那天，他鎮定自若地回答教授的提問。最後，教授對他說：「OK，就是你了。」「我真的被錄取了，為什麼？」他感到非常意外。

教授說：「是的，其實你在他們之中並不是最好的，但你不像其他入圍的中國學生連試一下的勇氣都沒有。我聘你是為了我的工作，只要你能勝任我就會聘用。」

事實證明，在後來的工作中，他與教授配合得非常有默契。一次，他俏皮地問教授：「您真的當過中國人的俘虜嗎？」教授說：「我確實在朝鮮戰場上當過中國人的俘虜，不過當時志願軍戰士對我非常好，讓我很感動，也一直念念不忘。所以，我對中國人沒有偏見，相反，很有好感。」

故事講完了，會場響起一陣熱烈的掌聲。最後，老總對他的員工們說：「廣告語說得好，年輕沒有失敗，如果你真的失敗了，記住：打敗你的不是別人，而是你自己。」

Life Wisdom

年輕沒有失敗，如果你真的失敗了。請記住：打敗你的不是別人，而是你自己。

切忌跟著感覺走

一頭驢聽說螳螂唱歌好聽，便頭腦發熱，要向螳螂學習唱歌。

螳螂對驢說：「學唱歌可以，但你必須每天像我一樣以露水充饑。」

於是，驢聽了螳螂的話，每天以露水充饑，結果呢，沒有幾天，驢就餓死了。

Life Wisdom

切忌跟著感覺走。如果人也憑著一時興趣，一時愛好做事，試想，結果會比驢好到哪裡去呢？

經驗和技術同樣重要

村裡有位捕魚的老人，因為捕魚技術特別好，人們都稱他為「漁王」。令漁王傷心的是，他兒子的捕魚技術卻十分平庸。

一次，漁王向一位路過他家的客人抱怨自己的苦惱：「從小開始，我就親自教他怎樣撒網，怎樣捉魚。我把一個捕魚人所有的本領全教給了他，又把我自己多年總結的經驗一點不漏地傳授給了他。可令我想不通的是，他的技術還不如其他一般漁民的兒子。」

客人聽了，想了一會兒，問：「他每次出海都跟著你嗎？」

「那當然！」漁王說：「為了不讓他走彎路，我一直在他旁邊教導，親自指揮他捕魚。」

客人點點頭，說：「這就是了。雖然你教給他一流的捕魚技術，卻忘了讓他自己去吸取經驗和教訓。要知道，無論做什麼事情，經驗教訓和知識技術同樣的重要。」

Life Wisdom

知識和技術是讓我們明白道理的，這些只要找到老師就可以學到。經驗和教訓卻是靠我們自己去親身體驗和感受的，這才是我們生存和發展的根本。只是，我們通常低估了經驗及教訓的價值。

沒有無斑點的珍珠

有個人找到了一顆有個小斑點的美麗珍珠，他想如果除掉這個小斑點，這顆珍珠就是世界上最珍貴的無價之寶。

於是，他削掉了珍珠的表層，但斑點仍在，他又削掉第二層，以為斑點肯定可以除掉，可斑點仍然存在。他不斷地削掉一層又一層，直到最後，斑點沒有了，珍珠也不存在了。

Life Wisdom

人至察則無徒，水至清則無魚。金無足赤，人無完人，世上不存在沒有缺點的人。交朋友，也要寬宏相待，不能過於苛求。

人生只有一個半朋友

從前有個仗義、廣交天下豪傑的武夫，臨終前對他的兒子說：「別看我自小在江湖闖蕩，結交的人如過江之鯽，其實我這一生就交了一個半朋友。」

兒子納悶不已。他的父親就貼近他的耳朵交代一番，然後對他說：「你按我說的去見我的這一個半朋友，朋友的定義你自然會懂得。」

兒子先去了父親認定的「一個朋友」那裡，對他說：「我是某某的兒子，現在正被朝廷追殺，情急之下投身於你，希望予以搭救！」這人一聽，容不得思索，趕忙叫來自己的兒子，喝令兒子速速將衣服換下，穿在這個並不相識的「朝廷要犯」身上，而讓自己的兒子穿上「朝廷要犯」的衣服。

兒子明白了：在你生死攸關的時候，那個能與你肝膽相照，甚至不惜割捨自己的親生骨肉來搭救你的人，可以稱作是你的一個朋友。

兒子又去了他父親說的「半個朋友」那裡，抱拳相求，把同樣的話說了一遍。這「半個朋友」聽了，對眼前這個求救的「朝廷要犯」說：「孩子，這等大事我可救不了你，我這裡給你足夠的盤纏，你遠走高飛快快逃命，我保證不會告發你……」

兒子明白了：在你患難時刻，那個能夠明哲保身，但不落井下石加害你的人，可稱作是你的半個朋友。

Life Wisdom

人生只有一個半朋友。你可以廣交朋友用心善待朋友，但絕不可苛求朋友給你同樣的回報。你待他人好和他人待你好是兩碼事。遇到像你一樣善待你的人是你的福氣，如果朋友讓你失望了這也很平常。

一錘定音

在沂蒙山區一個小山村的村頭，有一個專門打製銅鑼的鋪子。鋪子裡的工匠師傅已經近七十歲了，每天還堅持掌錘。他的兩個兒子雖然已做了十幾年，但每錘到鑼心時，他們就會停止，然後把錘子交給父親，由父親完成最後的一錘。

有人不明白個中原由，問老者。老者說，這鑼心的一錘和周邊的錘法都不一樣，鑼心以外的每一錘都只是準備，最後的一錘才是定音。或清脆悠揚，或雄渾洪亮，都因這一錘而定。這一錘打好了，就是好鑼。要打得不輕不重，恰到好處，古語有「一錘定音」之說，據說出處就在這裡。

Life Wisdom

不論多麼優質的銅材，不論剪裁的尺寸多麼合理，也不論一開始打了多少錘，這都不是最重要的。最重要的是，最後關頭的斷然一擊，這分量深淺恰到好處的最後一錘，是一只鑼成功的關鍵。

多走一步就是天堂

衛冕冠軍為何遺憾

一九五〇年，弗洛倫絲·查德威克因成為第一個成功橫渡英吉利海峽的女性而聞名於世。兩年後，她從卡德林那島出發游向加利福尼亞海灘，夢想再創一項前無古人的紀錄。

那天，海面濃霧瀰漫，海水冰冷刺骨。在游了漫長的十六個小時之後，她的嘴唇已凍得發紫，全身筋疲力盡而且一陣陣戰慄。她抬頭眺望遠方，只見眼前霧靄茫茫，仿佛陸地離她還十分遙遠。

「現在還看不到海岸，看來這次無法游完全程了。」她這樣想著，身體立刻就癱軟下來，甚至連再划一下水的力氣都沒有了。

「把我拖上去吧！」她對陪伴著她的小艇上的人說。

「咬緊牙，再堅持一下。只剩一哩遠了。」艇上的人鼓勵她。

「別騙我。如果只剩一哩，我就應該能看到海岸。把我拖上去，快，把我拖上去！」

於是，渾身發抖的查德威克被拖上了小艇。

小艇開足馬力向前駛去。就在她裹緊毛毯喝了一杯熱湯的工夫，褐色的海岸線就從濃霧中顯現出來，她甚至都能隱隱約約地看到海灘上歡呼等待她的人群。此時查德威克才知道，艇上的人並沒有騙她，她距成功確實只有一哩！她仰天長歎，懊悔自己沒能咬緊牙再堅持一下。

Life Wisdom

在受到挫折和失敗猛烈重擊的情況下，就更應在心裡為自己搖旗吶喊：挺住，再堅持一下，再堅持一下！因為只有不倒下，才有取勝的可能。

只要彎一次腰

有對父子一同穿越沙漠。在經歷了漫長的跋涉之後，他們都疲憊不堪，乾渴難忍，每邁出一步都異常艱難。這時父親看到黃沙中有一枚馬蹄鐵在陽光的照耀下閃閃發光——那是沙漠先驅者的遺留品。

父親對兒子說，撿起它吧，會有用的。兒子用失神的眼睛，看了看一望無際的沙漠——有什麼用呢？兒子搖搖頭。於是，父親什麼也沒說，只是彎腰拾起了馬蹄鐵，繼續前行。

終於他們到達了一座城堡，父親用馬蹄鐵換了兩百顆酸葡萄。當他們再次跋涉在沙漠中遭遇乾渴時，父親拿出了酸葡萄，邊走邊吃，同時自己吃一顆還丟一顆在地上——兒子每吃一顆便要彎一次腰去撿。

Life Wisdom

拾一塊馬蹄鐵只要彎一次腰，現在兒子卻不得不彎上一百次腰。一件不屑一做的小事，機緣一錯過，就不得不付出百倍的努力。

轉變一下角度

法國著名女高音歌唱家瑪．迪梅普萊有一座美麗的私人林園。每到週末，總會有人到她的林園摘花，拾蘑菇，有的甚至搭起帳篷，在草地上野營野餐，弄得林園一片狼籍，骯髒不堪。

管家曾讓人在林園四周圍上籬笆，並豎起「私人林園，禁止入內」的木牌，但都無濟於事，林園依然不斷遭踐踏、破壞。於是，管家只得向主人請示。

迪梅普萊聽了管家的匯報後，讓管家做一些大牌子立在各個路口，上面醒目地寫著：「如果在園中被毒蛇咬傷，最近的醫院距此十五公里，駕車約半小時即可抵達。」

從此，再也沒有人闖入她的林園。

Life Wisdom

只要稍稍地轉變一下角度，事情就會有所不同。

失去不一定就是損失

在高速行駛的火車上，一個老人不小心把剛買的新鞋的其中一只弄出窗外。周圍的人倍感惋惜，不料那老人立即把第二只鞋也扔出窗外。

老人的想法是：這一只鞋無論多麼昂貴，對自己而言都沒用了，如果有誰能撿到一雙鞋子，說不定他還能穿呢！

Life Wisdom

與其抱殘守缺，不如就地放棄。事物的價值不在於誰占有，而在於如何占有。一切都是暫時，一切都會消逝，讓失去的變為可愛。失去不一定是損失，也可能是獲得。

把玫瑰的清香帶給人

一個路人發現路旁有一堆泥土散發出芬芳的香氣，他就把這堆土帶回家。一時之間，他家裡竟然香氣滿堂。路人好奇而驚訝地問這堆土：「你是從大城市來的珍寶呢，還是一種稀有的香料，或是價格昂貴的材料？」

泥土說：「都不是，我只是普通的泥土而已。」

路人又問：「那你身上濃郁的香味是從哪兒來的？」

泥土答：「我曾在芳香四溢的玫瑰園裡和玫瑰相處了很長一段時間。」

泥土因為有了與玫瑰的親密接觸，才會擁有玫瑰的清香；生命因為有了朋友的陪伴，才會滋潤甜美一路高歌。且讓我們成為靠近玫瑰香味的泥土，同時也成為可以帶給別人香味的玫瑰吧！

傷害別人就是傷害自己

一條船在海上航行，船艙裡藏著一隻老鼠。老鼠偷吃船夫的糧食，咬壞船夫的衣物。船夫恨透了老鼠，想捉住牠，把牠扔到海裡去。

老鼠有老鼠的辦法，牠使出看家本領，在船底打洞。牠要躲到洞裡去，還要把船夫的糧食也搬到洞裡藏起來。結果可想而知。這隻老鼠沒有想到，牠在船底打的洞，不僅毀了船，也毀了自己。

與人交往時，千萬不要想著去危害別人。傷害別人就是傷害自己。

把信任撒向每一個角落

在一個小鎮上有一個出名的地痞，整日遊手好閒，酗酒鬧事，人們見到他避之唯恐不及。一天，他醉酒後失手打死了前來討債的債主，被判刑入獄。

入獄後的地痞幡然悔悟，對以往的言行深深感到懊悔。一次，他協助監獄制止了一次犯人的集體越獄事件，獲得減刑的機會。

從監獄中出來後，他回到小鎮上想重新做人。他先是找地方打工賺錢，結果全被對方拒絕。這些老闆全都遭受過他的敲詐，誰也不敢讓他來工作。食不果腹的他，於是來到親朋好友家借錢，可遭到的都是一雙雙不信任的目光，他那剛充滿希望的心，於是開始滑向失望的邊緣。

這時，鎮長聽說了，就取出一千元送給他，他接受這些錢時，沒有顯出過分的激動，只是平靜地看了鎮長一眼後，便消失在鎮口的小路上。數年後，地痞從外地歸來。他靠一千元起家，苦命拼搏，終於成了一個腰纏萬貫的富翁，不僅還清了親朋好友的舊帳，還帶回來一個漂亮的妻子。

他來到鎮長的家，恭恭敬敬地捧上了一萬元，然後說道：「謝謝您！」

事後，費解的人們問鎮長，當初為什麼相信他日後能夠還上一千元，他可是出了名借錢不還的地痞。鎮長笑了笑，說：「我從他借錢的眼神中，相信他不會欺騙我，我那樣做是讓他感受到社會和生活不會對他冷酷和遺棄。」

Life Wisdom

信任別人，歸根究柢就是信任自己的判斷。信任是伸向失望的一雙手，一個小小的動作能改變一個人的一生，把信任撒向世界的每一個角落吧，說不定在你的身邊會出現一個奇蹟。

不能為此失去

兩位武士偶然在樹林裡相遇了，他們同時看見樹上有一面盾牌。

「呀！一面銀盾！」一位武士叫了起來。

「胡說！那是一面金盾！」另一位武士說。

「明明是一面銀製的盾，你怎麼硬說是金盾呢？」

「你才強詞奪理，那明明是一面金盾！」

「我們倆素不相識，你把銀盾說成金盾，是不是故意跟我過不去？」說罷，看見銀盾的武士手握劍柄，準備決鬥。

「你才是故意與我為敵，明明是金盾，偏偏說成是銀盾！」看見金盾的武士「唰」地一聲拔出劍來。

於是，兩位武士在樹林中拔劍出鞘，展開了慘烈的決鬥，最後兩人都受了致命的重傷。當他們向前倒下的一剎那，才看清了樹上那個盾牌，一面是金的，一面是銀的。

Life Wisdom

有時我們會被看到的現象欺騙，正如我們所聽到的一樣。眼睛和耳朵一樣可以騙人。有時換個角度，換個位置，我們會失去的更少，得到更多。

摘下一個蘋果

一位老和尚，他身邊聚攏著一幫虔誠的弟子。一天，他囑咐弟子每人到南山打一擔柴回來。弟子們匆匆行至離山不遠的河邊，人人目瞪口呆。只見洪水從山上奔瀉而下，無論如何也休想渡河打柴了。

無功而返，弟子們都有些垂頭喪氣。唯獨一個小和尚與師傅坦然相對。師傅問其故，小和尚從懷中掏出一顆蘋果，遞給師傅說，過不了河，打不了柴，見河邊有棵蘋果樹，我就順手把樹上唯一的一顆蘋果摘來了。後來，這位小和尚成了師傅的衣缽傳人。

Life Wisdom

世上有走不完的路，也有過不了的河。過不了河掉頭而回，也是一種智慧。但真正的智慧還要在河邊做一件事情：放飛思想的風箏，摘下一個蘋果。

善良使地獄成為天堂

一位老僧坐在路旁，盤著雙腿，兩手交握在衣襟之下，雙目緊閉，陷入沉思。

突然，他的冥思被打斷。打斷他的是武士嘶啞而懇求的聲音：「老頭！告訴我什麼是天堂，什麼是地獄？」

老僧好像什麼也沒聽到，毫無反應。但他漸漸地睜開雙眼，嘴角露出一絲微笑。武士站在旁邊，迫不及待，猶如熱鍋上的螞蟻。

「你想知道天堂和地獄的秘密？」老僧說道：「你這等粗野之人，頭髮蓬亂，鬍鬚骯髒，手腳沾滿汙泥，劍上鐵銹斑斑，一看就知道你既不講衛生又沒有好好保管你的劍。你這醜陋的傢伙，你娘把你打扮得像個小丑，你還敢來問我天堂和地獄的秘密？」

武士滿臉憤怒，脖子上青筋暴露，「刷」地拔出劍來，舉到老僧頭上。

利劍將要落下，老僧忽然輕輕地說道：「這，就是地獄。」

霎時，武士驚愕不已，肅然起敬，對眼前這個敢以生命來教導他的老僧充滿崇敬和愛意。他的劍停在那裡，眼裡噙滿了感激的淚水。

「這，就是天堂。」老僧說道。

Life Wisdom

一切惡念、惡言、惡行，對於自己和他人都是地獄；一切善念、善言、善舉，對於自己和他人都是天堂。天堂和地獄僅一步之遙，如果人人都能棄惡從善，即使是地獄也能成為天堂。

合作使地獄成為天堂

天堂與地獄的生活有什麼區別呢？很多人都想知道，包括王小二。

有一天，王小二巧遇觀音菩薩，向菩薩提出欲看看天堂與地獄生活的心願。菩薩因小二之虔誠而答應帶他到天堂與地獄一遊。當菩薩帶小二到陰森森的地府時，他看見了骨瘦如柴、飽受飢餓之苦的小鬼們。

「為什麼他們都這麼瘦呢？」小二問菩薩。

「你瞧！」

此時，正好午餐時間到了，那些餓鬼都湧到一個巨大的鍋旁。不過，此時他們的雙手都被綁上了一雙長達六尺的木匙。他們爭先恐後地爭吃，但由於被長匙所約束，無法將食物送進口，許多食物都被潑灑在地上。

觀了此景，小二才覺悟為什麼這些餓鬼永遠是那麼瘦小。

片刻，菩薩又帶小二來到天堂。天堂內鳥語花香，仙人們個個臉色紅潤，身體健康，精神飽滿。

「他們到底吃什麼食物呢？」小二問菩薩。

「食物沒有什麼差別，不同的是不像地獄之餓鬼一樣貪婪、自私。你瞧！」時逢一群仙人正在一個巨大的鍋旁吃飯，他們的雙手也綁著一雙長達六尺的木匙，與餓鬼無異。但不同的是，當他們以木匙弄到食物時，他們是將食物往對方的嘴裡送去，而對方也將食物弄給他們，在大家彼此的默契合作下，個個都吃得飽飽的！

看了此景後，小二才真正明白：天堂與地獄的生活就是有區別啊！

Life Wisdom

合作使地獄成為天堂。今日我們敬人一尺，他日他人肯定會回敬一丈。真誠的合作比明爭暗鬥要好得多。若因貪圖私利而互相爭奪，最終損失的還是自己。

第五章
用愛灌溉美好

珍愛身邊的人

把玫瑰花親手獻給母親

有位紳士在花店門口停了車，他打算向花店訂一束花，請他們送給遠在故鄉的母親。

紳士正要走進店門時，發現有個小女孩坐在路上哭，紳士走到小女孩面前問她：「孩子，為什麼坐在這裡哭？」

「我想買一朵玫瑰花送給媽媽，可是我的錢不夠。」孩子說。紳士聽了感到心疼。

「這樣啊……」於是紳士牽著小女孩的手走進花店，先訂了要送給母親的花束，然後給小女孩買了一朵玫瑰花。走出花店時，紳士向小女孩提議，要開車送她回家。

「真的要送我回家嗎？」

「當然啊！」

「那你送我到媽媽那裡好了。可是叔叔，我媽媽住的地方，離這裡很遠。」

「早知道就不載妳了。」紳士開玩笑地說。

紳士照小女孩說的一直開了過去，沒想到走出市區大馬路之後，隨著蜿蜒山路前行，竟然來到了墓園。小女孩把花放在一座新墳旁邊，她為了給一個月前剛過世的母親，獻上一朵玫瑰花，而走了一大段遠路。

紳士將小女孩送回家中後，再度折返花店。他取消了要寄給母親的花束，而改買了一大束鮮花，直奔離這裡有五小時車程的母親家中，他要親自將花獻給媽媽。

Life Wisdom

知道嗎？每天回到家，當你喊出「媽媽」這兩個字還有人答應時，你是幸運和幸福的。因為在這個世界上，有許多人都沒有這樣的機會了。為逝者舉行盛大喪禮，不如在他在世時，善盡孝心。

只有時間才能理解愛

從前有座小島，上面住著快樂、悲哀、知識和愛，還有其他各類情感。

一天，情感們得知小島快要下沉了，於是大家都忙著準備船隻離開小島。只有愛留了下來，她想要堅持到最後一刻。

過了幾天，小島真的要下沉了，愛想請人幫忙。

這時，富裕乘著一艘大船經過。

愛說：「富裕，你能帶我走嗎？」

富裕答道：「不，我的船上有許多金銀財寶，沒有你的位置。」

愛看見虛榮在一艘華麗的小船上，說：「虛榮，幫幫我吧！」

「我幫不了你，你全身都濕透了，會弄壞我這艘漂亮的小船。」

悲哀過來了，愛向他求助：「悲哀，讓我跟你走吧！」

「哦……愛，我實在太悲哀了，想自己一個人待一會！」悲哀答道。

快樂經過愛的身邊，但是他太快樂了，竟然沒有聽到愛在叫他！

突然，一個聲音傳來：「過來！愛，我帶你走。」

這是一位長者。愛大喜過望，竟忘了問他的名字。登上陸地後，長者獨自走開了。

愛對長者感恩不盡，問另一位長者知識：「幫我的那個人是誰？」

「他是時間。」知識老人答道。

「時間？」愛問道：「為什麼他要幫我？」

知識老人笑道：「因為只有時間才能理解愛有多麼偉大。」

只有時間，也只有時間，才能理解愛有多麼偉大。因為在這個物欲橫流、金錢泛濫的年代，沒有多少人會理解愛的能量。

有時間給家裡寫封信

「親愛的爸爸媽媽：我最近很忙□，一般□，空閒□；我的功課優秀□，中等□，差□；最近一次考試成績九十分以上□，六十分以上□，不及格□；身體很棒□，有一點不舒服□，很不好□；我準備在暑假□，寒假□，明年□回家……」

「孩子，我們知道你沒有時間寫信回家，現在，請你花一點點時間，在前面的空格裡選擇你目前的狀況，畫個『✓』，寄回給我們。信封我們已經寫好並貼了郵票，隨信附上。孩子，我們老了，不知道還有多少時間，不要讓我們久等。非常想念你的爸爸媽媽。」

這是一封不尋常的家書，每一句話都詮釋著一個動人的關愛細節。

Life Wisdom

有時間給家裡寫封信——常常記起那一直掛念著你的父母吧。當你大難臨頭時，他們才是你要第一個求助的人。

記起珍藏在身邊的褲腰帶

遊子探親期滿離開故鄉，母親送他到車站。在車站，兒子行李的拎帶突然被擠斷，眼看就要到發車時間，母親急忙從身上解下褲腰帶，把兒子的行李包紮好。解褲腰帶時，由於心急又用力，她把臉都漲紅了。兒子問母親怎麼回家呢，母親說不要緊，慢慢走。

多少年來，兒子一直把母親這根褲腰帶珍藏在身邊。多少年來，兒子一直在想，他母親沒有褲腰帶是怎樣走回幾里地外的家的。

Life Wisdom

親情無價，母愛無言。母愛就是如此徹底，因為它源自於生命的本能。

那扇沒上鎖的門等著你

鄉下小村莊的偏僻小屋裡住著一對母女，母親害怕遭竊，一到晚上總是在門把上連鎖三道鎖；女兒則厭惡像風景畫般枯燥而一成不變的鄉村生活，她嚮往都市，想去看看自己透過收音機所想像的那個華麗世界。某天清晨，女兒為了追求那虛幻的夢離開了母親身邊。她趁母親睡覺時偷偷離家出走了。

「媽，妳就當作沒我這個女兒吧！」可惜這世界不如她想像的美麗動人，她在不知不覺中，走向墮落之途，深陷於無法自拔的泥濘中，這時她才領悟到自己的過錯。

經過十年後，已長大成人的女兒拖著受傷的心與狼狽的身軀，回到了故鄉。她回到家時已是深夜，微弱的燈光透過門縫滲透出來。她輕輕敲了敲門，卻突然有種不祥的預感。當她推開門時，眼前的景象把她嚇了一跳。好奇怪，母親從來不曾忘記把門鎖上的。母親瘦弱的身軀蜷曲在冰冷的地板上，睡著的模樣令人心疼。

「媽……媽……」聽到女兒的哭泣聲，母親睜開了眼睛，一語不發地摟住女兒疲憊的肩膀。在母親懷裡哭了很久之後，女兒突然好奇地問道：「媽，今天妳怎麼沒有鎖門，有人闖進來怎麼辦？」

母親回答說：「不只是今天，我怕妳晚上突然回來進不了家門，所以十年來門從沒鎖過。」母親多年如一日，等待著女兒回來，女兒房間裡的擺設一如當年。這天晚上，母女兩人回復到多年前的樣子，緊緊鎖上房門睡著了。

Life Wisdom

如果你是一個離家的遊子，請記住：那扇沒上鎖的門正等著你回家。家人的愛是希望的搖籃，感謝家的溫暖給予了我們不斷成長的動力。

騎單車的感覺更好

有一個人因為生意失敗，迫不得已變賣了新購的住宅，而且連他心愛的跑車也脫了手，改以單車代步。

一日，他和太太一起，約了幾對私交甚好的夫妻出遊，其中一位朋友的新婚妻子因為不知詳情，見到他們夫婦共乘一輛單車來到約定地點，便脫口而出：「為什麼你們騎單車來？」眾人一時錯愕，場面變得很尷尬，但這位妻子不急不緩地回應：「我們騎單車，是因為我想抱著他。」

Life Wisdom

能甘苦與共的夫婦，他們的愛是一種不離不棄的感情，無論面前是順境抑或逆境，雙方都會互相支援、共同面對。愛是發自內心的，當你時時刻刻想起當初的那份真摯，你自然知道怎樣與伴侶攜手去走以後的路。

這三個字對於女人很重要

一個遠在國外的丈夫到郵局去給他的妻子拍電報，全文是：「親愛的，我在國外很想妳，祝妳聖誕快樂！」

在掏錢付款時，他發現身上帶的錢不夠，於是對郵局的小姐說：「為了省錢，我可不可以去掉幾個不必要的字呢？」

小姐說可以，但當她接過男子刪改過的電文時，發現去掉了「親愛的」三個字。

於是，小姐說：「先生，你還是把『親愛的』三個字添上吧，錢由我來付。你不知道，這三個字對於一個女人來說有多重要。」

Life Wisdom

最真摯、最真實的愛往往就在簡單的幾個字中。「親愛的」只有三個字，卻是愛情中最無價的資產。它能把所有灰暗的日子照亮，把某個生命的季節點燃，把心與心之間的距離悄然拉近。

你為婚姻做了些什麼

一個女人向朋友抱怨自己婚後生活的單調乏味，朋友指著她養的菊花問：「這菊花開得這麼鮮豔，妳是怎麼照料的？」

她說：「我除了按時澆水施肥，每個月還給它們剪枝換盆。天氣好時搬到屋外，讓它們吸收陽光，每逢颳風下雨，我就把它們搬進屋裡……」

朋友打斷她的話又問：「那麼妳為妳的婚姻做了些什麼呢？」

Life Wisdom

就像養花一樣，只有精心地付出和呵護，愛情之花才會越開越鮮豔。如果你渴望擁有美麗的花朵，那麼你就要為花朵的盛開付出一些努力才行。

比浪漫還浪漫的愛情故事

一天夜裡，男孩騎摩托車帶著女孩超速行駛。他們彼此深愛著對方。

女孩：「慢一點……我怕……」

男孩：「不，這樣很有趣……」

女孩：「求求你……這樣太嚇人了……」

男孩：「好吧，那妳說妳愛我……。」

女孩：「好……我愛你……現在你可以慢下來了嗎？」

男孩：「緊緊抱我一下……」

女孩緊緊擁抱了他一下。

女孩：「現在你可以慢下來了吧？」

男孩：「妳可以拿下我的安全帽並自己戴上嗎？它讓我感到不舒服，還干擾我騎車。」

……

第二天，報紙報導：一輛摩托車因為煞車失靈而撞毀在一幢建築物上。摩托車上有兩個人，一個死亡，一個倖存……

原來，駕車的男孩知道煞車失靈了，但他沒有讓女孩知道，因為那樣會讓女孩感到害怕。相反，他讓女孩最後一次說她愛他，最後一次擁抱他，並讓她戴上自己的安全帽，結果，女孩活著，他自己卻死了……

Life Wisdom

離去的人是幸福的，他用生命和鮮血保護了自己的愛人，他用神話般的浪漫捍衛了自己的神聖愛情——愛，就是生命的全部。

告訴孩子，你真棒

珍貴東西慢成長

從讀小學起，阿凱就一直很努力地學習，可成績總是平平。有一段時間，他曾對自己失去信心。後來，父親帶他到公園，指著園內的兩排樹問：「你知道那些是什麼樹嗎？」他一看，一排是白楊，一排是銀杏，與高大的白楊相比，銀杏顯得十分矮小。

父親說：「我特意問過公園管理員，這兩排樹是同時栽下的。剛栽下時，都一樣高。它們享受同樣的陽光，同樣的水土，同樣的條件，到後來，白楊為什麼長得高大，而銀杏卻生得矮小呢？」

父親見他答不上來，接著說：「孩子，要知道，珍貴的東西總是慢慢成長的。」

這詩意般的語言，像一道陽光，一下子照亮了他的心頭。他努力著，努力著，從不放棄，到了高中，他的學業成績終於有了長足的進步，在全年級中名列前茅。大學聯考那年，他以優異的成績考入了一所知名大學。

Life Wisdom

珍貴的東西總是慢慢成長的。那些自以為愚笨的孩子，請好好記住這句話，它一定會照亮你人生的方向。

把糖果獎給孩子

陶行知在任育才小學校長期間，一天在校園裡看到王友同學用泥塊砸自己班上的男生，當即制止了他，並叫他放學後到校長室來。

放學後，陶行知來到校長室，王友已經等在門口準備挨訓了。可一見面，陶行知卻掏出了一塊糖送給他，說：「這是獎給你的，因為你按時來到這裡，而我卻遲到了。」王友驚疑地接過糖。

隨後，陶行知又掏出一塊糖放到他手裡，說：「這塊糖也是獎給你的，因為當我不讓你打人時，你立即就住手了，這說明你很尊重我，我應該獎勵你。」王友更驚疑了。

陶行知又掏出第三塊糖說：「我調查過了，你用泥塊砸那些男生，是因為他們不守遊戲規則，欺負女生；你砸他們，說明你很正直善良，應該獎勵你啊！」王友感動極了，他流著眼淚承認錯誤。

陶行知滿意地笑了，他隨即掏出第四塊糖遞過去，說：「為你正確地認識了錯誤，我再獎給你一塊糖，可惜我只剩這一塊糖了，我的糖發完了，我看我們的談話也該結束了吧！」說完，就走出了校長室。

不到五分鐘的談話，卻讓王友心服口服，一生難忘。通過談話，王友不僅認識了錯誤，還意識到自己的優點，同時感受到理解和鼓勵，進而從校長身上學會了處理問題的方法。

Life Wisdom

這就是教育家育人的藝術，這就是教育家的博愛、寬容與魅力。好習慣、好品格都是靠點滴積累的，讓我們多用一點心思吧。為孩子創造機會，從點滴做起。

別辜負永不凋謝的玫瑰

校園的溫室裡開出了一朵最大的玫瑰花，全校的學生都非常驚訝，每天都有許多學生來觀賞，那天早晨，蘇霍姆林斯基在校園裡散步，看見幼稚園的一個四歲女孩在溫室裡摘下了那朵玫瑰花，抓在手中，從容地往外走。

蘇霍姆林斯基很想知道這個小女孩為什麼要摘花，他彎下腰，親切地問：「孩子，妳摘這朵花是要送給誰的，能告訴我嗎？」

小女孩害羞地說：「奶奶病得很重，我告訴她學校裡有這樣一朵大玫瑰花，奶奶有點不信，我現在摘下來送給她看，看過我就把花送回來。」

聽了孩子天真的回答，蘇霍姆林斯基的心顫動了，他牽著小女孩，從溫室裡又摘下兩朵大玫瑰花，對孩子說：「這一朵是獎給妳的，妳是一個懂得愛的孩子；這一朵是送給妳媽媽的，感謝她養育了妳這樣一個好孩子。」

Life Wisdom

為了愛的教育，為了我們的孩子能像個真正的人一樣站立在這個世界上，我們的教育本來就應該這樣美好。

把歡笑帶給全世界

同樣是小學三年級的學生，在作文中，他們寫著將來的志願是當小丑。

中國的老師斥之曰：「胸無大志，孺子不可教也！」

外國的老師說：「願你把歡笑帶給全世界！」

Life Wisdom

身負培育國家未來棟梁重任的老師，不但要常常鼓勵多於要求，更不要狹窄地界定了成功的定義。

找到孩子喜愛的「蘿蔔」

在一條擁擠繁鬧的街道上，躺在地上的一頭驢子嚴重地阻礙了交通。幾個壯漢推也推不動，拉也拉不走。圍觀的人越來越多，引來了交通警察。交警想盡辦法，驢子還是躺在那裡。最後，交警掏出槍來，對著驢子說：「你再不走，我開槍了！」驢子只晃了晃牠的耳朵，依然故我。

正當人們一籌莫展時，從人群外擠進了一個老農夫。老農夫手裡拿著兩根蘿蔔，在驢子眼前晃了晃，懶洋洋的驢子眼睛立刻亮了起來。牠剛站起來，老農夫就趕緊往後退了兩步，這時人群自動讓開一條通道，驢子就跟隨老農夫走了。

Life Wisdom

我們的教育方法不一定要多高明，講的道理不一定要多高深，但要巧妙。沒有教不好的學生，也沒有不會教的老師，只不過是某些老師還沒有找到學生喜愛的「蘿蔔」。

船長到底幾歲

一位法國教育心理專家曾給上海的孩子出了一道題目：「一艘船上有七十五頭牛，三十二隻羊，那麼船長有幾歲？」專家斷言，如果有學生做出答案，那說明學校把孩子教笨了。

一九九八年，用這則笑話測驗中國沿海某市的小學生與初中生，結果做出答案的竟高達九〇%，即使在上海某個重點中學的高三生，也還是有一〇%得到 75 − 32 ＝ 43 歲的答案。只有一〇%認為此題非常荒謬，無法解答。

當然，這一〇%的學生答對了，因為該題目只不過是一則歐洲笑話，不可能有答案。而做出答案的學生在回答記者提問時則說：「老師出的題目總是對的，不可能不能做。」「老師平時教育我們題目做了才能得分，不做的話一分也沒有。」還有學生認為，如果用加法應當是一〇七歲，這麼大的年紀當船長不可能，因此只能是四十三歲。

法國專家感嘆：中國學生很聽老師的話，因為同一題目在法國小學做實驗時，超過九〇%的同學提出了異議，甚至嘲笑老師是「糊塗蛋」。

Life Wisdom

從不同的角度看問題，大膽去質疑，並且努力駕馭自己的思維，這樣的教育及教育出來的學生才會大有作為。

媽媽，請記住這兩顆蘋果

一位來自監獄的犯人在信中寫道：

小時候，有一天媽媽拿來幾顆蘋果，紅紅的，大小各不同。小男孩一眼就看見中間一個又紅又大的，十分喜歡，非常想要。這時，媽媽把蘋果放在桌上，問他和弟弟：「你們想要哪個？」

男孩剛想說最大最紅的一個時，弟弟搶先說出了自己想說的話。媽媽聽了，瞪了弟弟一眼，責備他說：「好孩子要學會把好東西讓給別人，不能總想著自己。」於是，男孩靈機一動，改口說：「媽媽，我想要那個最小的，把大的留給弟弟吧。」

媽媽聽了，非常高興，在小男孩的臉上親了一下，並把那個又紅又大的蘋果獎勵給他。他得到了自己想要的東西，從此，也學會了說謊。之後，他又學會了打架、偷、搶，為了得到想要的東西，他不擇手段。後來，男孩被送進監獄。

另一個家庭的故事則是：

小時候，有一天媽媽拿來幾顆蘋果，紅紅的，大小各不同。小男孩和弟弟們都爭著要大的，媽媽把那個最大最紅的蘋果舉在手中，對孩子們說：「這顆蘋果最大最紅最好吃，誰都想要得到它。很好，現在，讓我們來做個比賽，我把門前的草坪分成三塊，你們三人一人一塊，負責修剪好，誰做得最快最好，誰就能得到它！」

孩子們開始比賽除草，結果，小男孩贏得了那顆最大的蘋果。後來，這個男孩成了當地政府機構裡的重要官員。

Life Wisdom

推動搖籃的手，就是推動世界的手。母親是孩子的第一任教師，妳可以教他說第一句謊話，也可以教他做一個誠實且永遠努力爭第一的人。別讓推動世界的手，變成促成邪惡的手。

大畫家勝於小畫匠

有兩位媽媽，她們都各自生了一個愛畫畫的孩子。

第一個孩子的媽媽，給兒子準備了一疊紙、一捆筆，還有一面牆，然後告訴兒子：「你的每一張畫，都要貼在牆上，給所有來我們家的客人欣賞。」

第二個孩子的媽媽，給兒子拿來一疊紙、一捆筆，還有一個紙簍，然後告訴兒子：「你的每一張畫，都要扔在這個紙簍裡，無論你自己對它滿意，還是不滿意。」

三年之後，第一個孩子舉辦了畫展：一牆的畫，色彩鮮亮，構思完整，人人讚揚。第二個孩子沒法展覽，一紙簍的畫，滿了就倒掉，所有的人都只看到他手裡尚未畫完的那一張。

三十年之後，人們對第一個孩子一牆一牆地展覽的畫已不感興趣，第二個孩子的畫卻橫空出世，震驚了畫壇。人們把第一個孩子貼在牆上的畫揭下來，扔進紙簍，接著將第二個孩子扔在紙簍裡的畫拿出來，貼在牆上。

Life Wisdom

那些一舉成名的故事背後，都有一個積累的過程。可愛的母親們，妳們的任務是培養一個讓後人懷念的大畫家，而不是一個小畫匠。

把自己推上手術台

小陳來自農村，學的是醫學專業，上了幾年學校，家裡值錢的東西都被他上沒了。醫院不好進，沒錢也沒關係的他，混了幾年還是一個默默無聞的衛生所職員。

一輩子土裡刨食、對他寄予太多希望的老父親為此很著急，從百里外的農村老家趕來，帶著他到醫院求職。他成功地為某醫院做了一例斷腸結合手術。有熱心人士提醒他們父子要及時送禮。禮是送了——一壺家鄉產的小磨香油，只是太輕，輕得微不足道。院長說，如果他能做斷肢再植手術，就可以把他調進醫院。

老父親聽不出弦外之音，更著急不知要等到何時才會有斷肢的病人來這間小醫院做接肢手術。即使有，也未必輪上兒子做。如果沒有上手術台的機會，就意味著兒子還要一直等下去。為了兒子的前途，生性笨拙的老父親突發奇想，情急之下剁掉了自己的一個手指，在手術台上指名要兒子做手術……

手術後拆線，看著還能彎動的手指，老父親笑了，兒子哭了，院長無話可說了。

Life Wisdom

當官的父親可以用權為兒子疏通前途，經商的父親可以用錢為兒子鋪墊道路。這個父親是農夫，兩手空空，但他的力量卻很驚人，而且創意出奇，無人敢於仿效，令人嘆為觀止。

別把大發明家槍斃

有個母親，因孩子把她剛買回家的一只金錶當成新鮮玩具拆卸擺弄壞了，就狠狠地打了孩子一頓，並把這件事告訴了孩子的老師。

老師幽默地說：「恐怕一個『愛迪生』被槍斃了。」接著，這位老師進一步分析說：「孩子的這種行為是創造力的表現，您不應該打孩子，要解放孩子的雙手，讓他從小有動手的機會。」

「那我現在該怎麼辦呢？」母親聽了老師的話，覺得很有道理，感到有些後悔。

「補救的辦法還是有的，」老師接著說道：「你可以和孩子一起把金錶送到鐘錶行，讓孩子站在一旁看修錶師傅如何修理，這樣，鐘錶行就成了課堂，修錶師傅就成了老師，你的孩子就成了學生，修錶費就成了學費，孩子的好奇心就可以得到滿足了。」

Life Wisdom

保護孩子的好奇心，不要抹殺孩子的創造精神。我們的社會非常需要富有創造力的人。在這樣一個機遇與挑戰並存的社會，光有書本知識是遠遠不夠的，要想抓住機會，迎接挑戰，就必須具備創造力，能夠想他人不能想的事，做他人不能做的事，這樣才能擁有一定的實力。

在靈魂居住的地方

失去希望也就失去了一切

有一年，一支英國探險隊進入了撒哈拉沙漠地區。茫茫的沙海裡，陽光下，漫天飛舞的風沙像燒紅的鐵砂一般，撲打著探險隊員的面孔。隊員們口渴似炙，心急如焚——大家的水都喝光了。這時，隊長拿出一個水壺，說：「這裡還有最後一壺水。但是在走出沙漠以前，誰也不能喝。」

一壺水，成了穿越沙漠的信念的源泉，成了隊員們求生的希望。水壺在隊員們的手中傳遞，那沉甸甸的感覺每每使隊員們瀕臨絕望的時候，又顯露出堅定的神色。終於，探險隊頑強地走出了沙漠，掙脫了死神的魔掌。大家喜極而泣，用顫抖的手擰開了那壺支撐他們精神和信念的水……

結果，緩緩流出來的，卻是一壺滿滿的沙子。

Life Wisdom

人活得就是一種精神、一種希望。不斷地給自己希望，就能克服任何困難，順利走出逆境。如果失去了希望，也就失去了一切。

在心靈的廢墟上重建家園

第二次世界大戰剛剛結束的時候，德國到處是一片廢墟。有兩個美國人訪問了一家住在地下室的德國居民。離開那裡之後，兩個人在路上談起感受。

甲問道：「你看他們能重建家園嗎？」

乙說：「一定能。」

甲又問：「為什麼回答得這麼肯定呢？」

乙反問道：「你有看到他們在黑暗的地下室的桌子上放著什麼嗎？」

甲說：「一瓶鮮花。」

乙接著說：「任何一個民族，處於這樣困苦災難的境地，還沒有忘記鮮花，那他們一定能夠在這片廢墟上重建家園。」

Life Wisdom

一個人在遭遇困難時，只要鬥志不低落，仍然保持開朗樂觀的精神狀態，就能盡快走出低谷。積極的態度是快樂的源泉，也是希望降臨的曙光。

讓自己安靜下來

一個木匠在工作時不小心把手錶掉落在滿是木屑的地上，他一面大聲抱怨自己倒楣，一面撥動地上的木屑，想找出他那只心愛的手錶。

許多夥伴也提了燈，與他一起尋找。可是找了半天，仍然一無所獲。等這些人去吃飯的時候，木匠的孩子悄悄地走進屋裡，沒一會兒工夫，他居然把手錶給找到了！

木匠又高興又驚奇地問孩子：「你怎麼找到的？」

孩子回答說：「我只是靜靜地坐在地上，一會兒，我就聽到『滴答』、『滴答』的聲音，就知道手錶在哪裡了。」

Life Wisdom

很多時候，我們都讓煩亂的心緒擾亂了自己的生命。想辦法讓自己安靜下來，傾聽內心的聲音。在靜謐和安詳的氛圍裡，你會獲得靈性的指引和無窮的力量。

臨終做好三件事

在中國大陸，有個普通的職員——大連市公汽聯營公司七〇二路四二二號雙層巴士司機黃志全，在行車途中突然心臟病發作。在生命的最後一分鐘裡，他做了三件事：

第一件事，把車緩緩地停在路邊，並用生命的最後力氣拉了手煞車。

第二件事，把車門打開，讓乘客安全地下了車。

第三件事，將引擎熄火，確保了車和乘客的安全。

黃志全做完了這三件事，就趴在方向盤上停止了呼吸。

一名平凡的公車司機，在生命最後一分鐘裡所做的一切也不驚天動地，然而許多人卻牢牢地記住了他的名字。

看清你自己

一位傲氣十足的富翁，去看望一位哲學家。

哲學家將他帶到窗前說：「向外看，你看到了什麼？」

「看到了許多人。」富翁說。

哲學家又將他帶到一面鏡子前，問道：「現在你看到了什麼？」

「只看見我自己。」富翁回答。

哲學家說：「玻璃窗和玻璃鏡的區別只在於那一層薄薄的水銀，就這一點點可憐的水銀，就叫有的人只看見他自己，而看不到別人。」

Life Wisdom

人貴有自知之明。無論你的成就有多高，一定要清楚天外有天，人外有人，時刻用謙虛和謹慎的作風要求自己。

愛也是上等財富

早晨，一個婦人一開門就看到三個陌生的老者坐在她家門口，好像很餓的樣子。婦人便請他們進屋吃東西。

「我們不能一同進屋。」老人說。

「那是為什麼？」

一個老人指著同伴說：「他叫財富，他叫成功，我是愛，妳現在進去和家人商量商量，看看你們需要我們哪一個。」

婦人回去和家人商量後，決定把愛請進屋裡。誰知，愛起身朝屋裡走去，另外兩位也跟在後面。婦人很驚訝，問財富和成功：「你們兩位怎麼也進來了？」

老人們一同回答：「哪裡有愛，哪裡就有財富和成功。」

Life Wisdom

愛是最偉大的信念。人們最為寶貴的財富是真情、是愛。只有心中有愛，你的人生才會有意義，財富和成功自然也隨之而來。

家不是你居住的大房子

盧安達內戰期間，有一個叫熱拉爾的人，三十七歲，他家有四十口人，父親、兄弟、姊妹、妻兒幾乎全部離散喪生。

最後，絕望的熱拉爾打聽到五歲的小女兒還活著。輾轉數地，冒著生命危險找到了自己的親生骨肉後，他悲喜交集，將女兒緊緊摟在懷裡，第一句話就是說：「我又有家了。」

Life Wisdom

家是愛和親情，不是你居住的大房子。它有時在竹籬茅舍，有時在高屋華堂，有時也在無家可歸的人群中。沒有親情的人和被愛遺忘的人，才是真正沒有家的人。

為生命的花朵播種

從前有一位賢明而受人愛戴的國王，把國家治理得井井有條，人民安居樂業。國王的年紀逐漸大了，但膝下並無子女，這件事讓國王很傷心。於是他決定，在國內挑選一個孩子作為義子，培養成自己的接班人。

國王選子的標準很獨特，他給孩子們每人發一些花種子，宣佈，誰用這些種子培育出最美麗的花朵，誰就成為他的義子。

孩子們領回種子後，開始了精心的培育，從早到晚，澆水、施肥、鬆土，誰都希望自己能夠成為幸運者。有個叫傑克的男孩，也整天精心地培育花種。但是，十天過去了，半個月過去了，一個月過去了，花盆裡的種子連芽都沒冒出來，別說開花了。苦惱的傑克請教了母親，母親建議他把土換一換，但依然無效，母子倆束手無策。

國王決定的觀花日子到了。無數個穿著漂亮衣裳的孩子們湧上街頭，他們各自捧著盛開鮮花的花盆，用期盼的目光看著緩緩巡視的國王。國王環視著爭奇鬥豔的花朵與精神漂亮的孩子們，但他並沒有像大家想像的那樣高興。

忽然，國王看見了端著空花盆的傑克。他無精打采地站在那裡，眼角還有淚花，國王把他叫到眼前，問他：「你為什麼端著空花盆呢？」

傑克抽噎著，他把自己如何精心栽培，但花種怎麼也不發芽的經過說了一遍，還說，他想這是報應，因為他曾在別人的花園中偷過一個蘋果吃。沒想到國王的臉上卻露出了開心的笑容，他把傑克抱了起來，高聲說：「孩子，我找的就是你！」

「為什麼是他？」大家不解地問國王，國王說：「我發下的種子全部是煮過的，根本就不可能發芽開花。」

捧著鮮花的孩子們都低下了頭，因為他們播下的種子都是自己重新找來的。

Life Wisdom

精明的現代人有時會故意用圈套來檢驗他人的誠信。如果你禁不住誘惑，說出違心的話，做出違心的事，不僅背叛了自己的心靈，而且只能換回恥笑。

忍著不死

一位從越南歸來的美國戰地記者給ＭＢＡ學員放映一卷他在戰場上拍的影片。畫面上有一群人奔逃，遠處突然傳來機關槍掃射的聲音，小小的人影，就一一倒下了。

放完了，他問同學們看見了什麼。

「是血腥的殺人畫面！」他沒有說話，把片子倒回去，又放了一遍，並指著其中的一個人影：「你看！大家都是同時倒下去的，只有這一個，倒得特別慢，而且不是向前撲倒，而是慢慢地蹲下……」

看到同學們還是看不懂的神色，他居然哽咽了起來：「當槍戰結束之後，我走近看，發現那是一個抱著孩子的年輕媽媽，她在中槍要死之前，居然還怕摔傷了幼子而慢慢地蹲下。她是忍著不死啊！」

Life Wisdom

「忍著不死！」何等偉大的母親！世界上遠不止人類有母愛。每一種動物，都有偉大的母愛。所有母愛的情感都是相通的，那就是：無所顧及地犧牲。

通過眼睛所看到的

很久以前的某一天，在美國北維吉尼亞州，一位老人站在河邊等候過河。當時天氣很冷，又沒有橋，他只好想辦法跟別人共騎一匹馬才能到達對岸。等待了一段時間，他終於看到一群騎馬的人來了。他讓第一個通過，然後第二個、第三個、第四個，以及第五個也順利通過。最後，僅剩下一個騎馬的人了。

他來的時候，老人看看他，並說：「先生，你能不能讓我跟你一起騎馬過河呢？」騎馬的人不假思索地說：「當然可以，請上來吧！」過河之後，老人就滑到地面站好。離去之前，這位騎馬人說：「先生，我注意到你讓其他騎馬的人通過，而沒有要求他們。但是當我來到你面前時，你立刻要求跟我一起騎馬。你為什麼不要求他們卻要求我呢？」

老人平靜地回答道：「我看他們的眼睛就瞭解他們並沒有愛，而且我自己心中知道『要求共騎一馬過河是沒有用的』。可是我一看到你的眼神，我看到同情、愛與樂於幫助。我知道你會願意讓我跟你一起騎馬過河。」這位騎馬的人非常謙虛地說：「我非常感謝你說的話，非常感謝。」

這第六位騎馬者就是湯瑪斯．傑佛遜，後來入主白宮。

眼睛是靈魂的窗戶，心靈是容貌的底片。心裡想的是什麼，都會在容貌上表現出來。你的心靈瞞不過人，如果你的內心是同情、愛與善良的，人們總會接受你。

是什麼改變了命運

一九二一年，路易士・勞斯出任星星監獄的監獄長，那是當時最難管理的監獄。可是二十年後勞斯退休時，該監獄卻成為一所提倡人道主義的機構。研究報告將功勞歸於勞斯，當他被問及該監獄改變的原因時，他說：「這是因為我已去世的妻子——凱瑟琳的緣故，她就埋葬在監獄外面。」

凱瑟琳是三個孩子的母親。勞斯成為監獄長那年，每個人都警告她千萬不可踏進監獄，但這些話攔不住凱瑟琳。第一次舉辦監獄籃球賽時，她帶著三個可愛的孩子走進體育館，與服刑人員坐在一起。她的態度是：「我要與丈夫一道關照這些人，我相信他們也會關照我，我不必擔心什麼！」

一名被定有謀殺罪的犯人瞎了雙眼，凱瑟琳知道後便前去看望。她握住他的手問：「你學過點字閱讀法嗎？」

「什麼是『點字閱讀法』？」他問。

於是她教他閱讀。多年以後，這人每逢想起她的愛心還會流淚。

凱瑟琳在獄中遇到一個聾啞人，結果她自己到學校學習手語。許多人說她是耶穌基督的化身。在一九二一年至一九三七年之間，她經常造訪星星監獄。後來，她在一樁交通意外事故中逝世。第二天，勞斯沒有上班。消息似乎立刻傳遍了監獄，大家都知道出事了。

接下來的一天，她的遺體被運回家，她家距離監獄不到一哩路。代理監獄長早晨散步時驚愕地發現，一大群看來最凶悍、最冷酷的囚犯，都齊聚在監獄大門口。他走近看，有些人臉上竟帶著悲哀和難過的眼淚。他知道這些人深愛凱瑟琳，於是轉身對他們說：「好了，各位，你們可以去，只要今晚記得回來報到！」然後他打開監獄大門，讓一大隊囚犯走出去，在沒有守衛的情形下，去看凱瑟琳最後一面。結果，當晚每一位囚犯都回來報到，無一例外！

Life Wisdom

只要是人，即便是最冷酷和殘暴的罪犯，他們的內心深處都極度渴望得到關注和愛，只是我們有時候忽視罷了。

時常想起你的捨己樹

一個男孩年紀尚小的時候，喜歡一個人吊在樹枝上盪秋千，上樹摘果子，在樹蔭下睡覺。那真是一段快樂無憂的日子，樹也很喜歡那些時光。但隨著小男孩逐漸長大，他跟樹在一起的時間也越來越少。

「來啊！讓我們一起玩。」樹說。但年輕人一心只想賺錢。

「拿我的果子去賣。」樹說。年輕人照做了，樹很快樂。

年輕人很久沒有回來。有一次他路過樹下，樹向他微笑說：「來啊！讓我們一起玩！」但年輕人已經長大，只想遁世隱居，離開眼前的一切。

「把我砍下來，拿我的樹幹去造一艘船，你就可以航行了。」樹說。那人果然這麼做了，樹很快樂。

許多季節過去了——夏去冬來，多風的日子和孤寂的晚上，樹在等待。最後，年輕人變成了老人。老人終於回來了，年老和疲憊使他不能再玩耍、追逐財富或出海航行。

「朋友，我還有一個不錯的樹樁，你何不坐下來休息一會兒。」樹說。

老人依言坐下，樹很快樂。

這是一部簡單卻引人入勝的短片，短片的名字叫《捨己樹》。

Life Wisdom

在我們的一生中有很多這樣的捨己樹，他們犧牲了自己的一部分，讓我們健康快樂成長，甚至有的我們已經忘記了他們的名字。從今夜起，就讓我們記起他們，並心存感激地入睡。

第六章

讓智慧在心中發芽

思維轉個彎

讓自己從車上下來

一家公司招聘職員時，有一道這樣的試題：

一個暴風雨的晚上，你開車經過一個車站，發現有三個人正苦苦地等待公車的到來：第一個是看上去瀕臨死亡的老婦；第二個是曾經挽救過你生命的醫生；第三個是你的夢中情人。你的汽車只容得下一位乘客，你選擇誰？

每個應聘者的回答都有自己的理由：選擇老婦，是因為她很快就會死去，我們應該挽救她的生命；選擇醫生，是因為他曾經救過我們的命，現在是我們報答他的最好機會；選擇夢中情人，是因為如果錯過這個機會，也許就永遠找不回她（他）了。

在兩百個應聘者中，最後被聘用的人的答案是什麼呢？

「我把車鑰匙交給醫生，讓他趕緊把老婦人送往醫院；而我則留下來，陪著我心愛的人一起等候公車的到來。」

Life Wisdom

我們常常會被「非此即彼」的思維模式所限。讓自己「從車上下來」，打破思維的固有模式，我們還可以獲得更多。

功夫在詩外

一位著名的詩人最近思路打不開，怎麼也衝不出思想的牢籠，於是想到外面尋找靈感。

這一天，他到鄉間野外散步，陽光下，忽然遠遠看見一塊牌子掩映在樹林裡，上書四個大字特別醒目「陽光不鏽」。詩人當場呆住，心想，這是多麼有寓意的詞語，絕對不是一般人能夠想到的。於是，他非常想拜訪一下書寫這個精闢之極的詞語的高人。

等他走近這塊牌子，發現被樹叢擋住的那部分牌子寫著「鋼製品廠」。

Life Wisdom

功夫有時在詩外。生活中的創意和靈感無處不在，就看我們在靈感來臨時怎麼把握了。

將思想打開一公釐

美國有間生產牙膏的公司，產品優良，包裝精美，深受廣大消費者的喜愛，每年營業額蒸蒸日上。紀錄顯示，前十年每年的營業額增長率為一〇～二〇％，令董事會雀躍萬分。

不過，業績進入第十一年、第十二年及第十三年時，卻停滯下來，每個月維持同樣的數位。董事會對此業績感到不滿，便召開全國經理級高層會議，以商討對策。會議中，有名年輕經理站起來對董事會說：「我手中有張紙，紙裡有個建議，若您要使用我的建議，必須另付我五萬元！」

總裁聽了很生氣地說：「我每個月都支付你薪水，另有紅包、獎勵。現在叫你來開會討論，你還要另外要求五萬元，是否過分？」

「總裁先生，請別誤會。若我的建議行不通，您可以將它丟棄，一分錢也不必付。」年輕的經理解釋說。

「好！」總裁接過那張紙後，閱畢，馬上簽了一張五萬元支票給那年輕經理。

那張紙上只寫了一句話：將現有的牙膏開口擴大一公釐。

總裁馬上下令更換新的包裝。

試想，每天早上，每個消費者多用一公釐的牙膏，每天牙膏的消費量將多出多少倍呢？這個決定，使該公司第十四個年頭的營業額增加了三十二%。

Life Wisdom

一個小小的改變，往往會引起意想不到的效果。當我們面對新知識、新事物或新創意時，千萬別將腦袋密封，應該將腦袋打開一公釐，接受新知識、新事物。

別把瘋子當呆子

一個心理學教授到瘋人院參觀，瞭解瘋子的生活狀態。一天下來，覺得這些人瘋瘋癲癲，行事出人意料，可算大開眼界。想不到準備返回時，發現自己的車胎被人拿掉了。「一定是哪個瘋子幹的！」教授這樣憤憤地想道，動手拿備胎準備裝上。

事情嚴重了。拿下車胎的人居然將螺絲也都卸了。沒有螺絲有備胎也上不去啊！教授一籌莫展。在他萬分著急之下，一個瘋子蹦蹦跳跳地過來了，嘴裡唱著不知名的歡樂歌曲。他發現了困境中的教授，停下來問發生了什麼事。

教授懶得理他，但出於禮貌還是告訴了他。

瘋子哈哈大笑說：「我有辦法！」他從每個輪胎上面卸了一個螺絲，這樣就拿到三個螺絲將備胎裝了上去。

教授感激之餘，大為好奇：「請問你是怎麼想到這個辦法的？」

瘋子嘻嘻哈哈地笑道：「我是瘋子，可我不是呆子啊！」

Life Wisdom

其實，世上有許多的人，由於他們發現了工作中的樂趣，總會表現出與常人不一樣的狂熱，而且讓人難以理解。許多人在笑話他們是瘋子的時候，別人說不定還在笑他呆子呢。

強大來自於內心

一隻小老鼠總是愁眉苦臉，因為牠非常害怕貓。

天神非常同情牠的遭遇，便施法把牠變成一隻貓。

老鼠變的貓又非常怕狗，天神就把牠變成狗；但變成狗的牠又開始怕老虎，天神就讓牠做老虎，但做老虎的牠又整天害怕會遇上獵人。最後，天神只好把牠又變成老鼠，並說：「不論我怎麼做都幫不了你，因為你擁有的只是老鼠膽。」

強大，來自於內心。披上外衣和封號的全是「紙老虎」。

觀念變了才有希望

在夏日枯旱的非洲大陸上，一群飢渴的鱷魚身陷在水源快要斷絕的池塘中。較強壯的鱷魚開始追捕同類來吃。物競天擇、強者生存的一幕幕正在上演。這時，一隻瘦弱勇敢的小鱷魚起身離開了快要乾涸的水塘，邁向未知的大地。

乾旱持續著，池塘中的水越來越混濁、稀少，最強壯的鱷魚已經吃掉了不少同類，剩下的鱷魚將難逃被吞食的命運。這時，仍不見有別的鱷魚離開。在牠們看來，棲身在混水中等待遲早被吃掉的命運，似乎總比離開、走向完全不知在何處的水源還安全些。

池塘終於完全乾涸了，唯一剩下的大鱷魚也難耐飢渴而死。牠到死還守著牠殘暴的王國。

可是，那隻勇敢離開的小鱷魚，在經過長途的跋涉後，不但沒死在半路上，還幸運的在乾旱的大地上找到了一處水草豐美的綠洲。

Life Wisdom

守舊無異於等死。改變觀念，到可以生存的地方尋找出路，就有了希望。陳舊的觀念如強壯的鱷魚那麼可怕，而新的觀念則是充滿希望的田野。

不要做被燙過的猴子

科學家將四隻猴子關在一個密閉房間裡，每天餵食很少食物，讓猴子餓得吱吱叫。幾天後，實驗者從房間上面的小洞放下一串香蕉，一隻餓得頭昏眼花的大猴子一個箭步衝向前，可是牠還沒拿到香蕉，就被預設機關所潑出的滾燙熱水燙得全身是傷，當後面三隻猴子依次爬上去拿香蕉時，一樣被熱水燙傷。於是眾猴子只好望「蕉」興嘆。

幾天後，實驗者換了一隻新猴子進入房內，當新猴子肚子餓得也想嘗試爬上去吃香蕉時，立刻被其他三隻老猴子制止，並告知有危險，千萬不可嘗試。實驗者再換一隻猴子進入房內，當這隻新猴子想吃香蕉時，有趣的事情發生了，這次不僅剩下的兩隻老猴子制止牠，連沒被燙過的半新猴子也極力阻止牠。

實驗繼續著，當所有猴子都已換過之後，沒有一隻猴子曾經被燙過，上頭的熱水機關也取消了，香蕉唾手可得，卻沒有一隻猴子敢前去享用。

Life Wisdom

不要做被燙過就再也不敢去吃香蕉的猴子。太相信習慣和經驗，你就會故步自封。大膽去做，別怕犯錯。

你能成為什麼

有位王子，長得十分英俊，但卻是一個駝子，這個缺陷使他非常自卑。

有一天，國王請了全國最好的雕刻家，刻了一座王子的雕像。雕刻家刻出的雕像沒有駝背，背是直挺挺的。國王將此雕像豎立於王子的宮殿前。

當王子在宮門前看到這座雕像時，他心中產生一種震撼。幾個月之後，百姓們說：「王子的駝背不像以往那麼嚴重了。」

當王子聽到這些話時，他內心受到了鼓舞。有一天，奇蹟出現了，當王子站立時，背是直挺挺的，與雕像一樣。

Life Wisdom

人的許多缺陷都是由自己的心理造成的，正所謂「相由心生，相隨心滅」，一個人能成為什麼，是因為他相信自己是什麼。

想像身後有條狼

一位名不見經傳的年輕人第一次參加馬拉松比賽就獲得了冠軍，並且打破了世界紀錄。他衝過終點後，新聞記者蜂擁而至，團團圍住他，不停地提問：「你是如何取得好成績的？」年輕的冠軍喘著粗氣說：「因為……因為我的身後有一隻狼。」迎著記者們驚訝和探詢的目光，他繼續說：「三年前，我開始練長跑。訓練基地的四周是崇山峻嶺，每天凌晨兩三點，教練就讓我起床，在山嶺間訓練，可是我盡了最大的努力，進步卻一直不快。

「有一天清晨，我在訓練途中，忽然聽見身後傳來狼的叫聲，開始是零星的幾聲，似乎還很遙遠，但很快就急促起來，而且就在我的身後。我知道有一隻狼盯上我了，我甚至不敢回頭，沒命地跑著。

「我那天訓練的成績好極了。後來教練問我原因，我說我聽見了狼的叫聲。教練意味深長地說，原來不是你不行，而是你身後缺少了一隻狼。我才知道，那天清晨根本就沒有狼，我聽見的狼叫，是教練裝出來的。

「從那以後，每次訓練時，我都想像著身後有一隻狼，成績突飛猛進。今天，當我參加這場比賽時，我依然想像我的身後有一隻狼，所以我成功了。」

Life Wisdom

最大的努力都不能讓選手進步，狼的嚎叫卻讓選手沒命地奔跑，直至獲得冠軍。有時候，將我們送上領獎台的，不是我們的朋友而是我們的對手。

索取的成為乞丐

有兩個人死後來到了陰曹地府，閻王查看過功德簿後說：「你們倆前世未做大惡，准許投胎為人。但是現在只有兩種人可供選擇：付出的人和索取的人。也就是說，一個人必須過不斷付出、給予的人生，另一個則必須過索取、接受的人生。」

甲暗想：索取、接受就是坐享其成，太舒服了！於是他搶先道：「我要過索取、接受的人生。」乙見此情景，別無選擇，就表示甘願過不斷付出、給予的人生。

結果，甲要過索取、接受的人生，投胎轉世後，成了一個乞丐，每天都在索取和接受。而乙呢，因為選擇過付出、給予的人生，轉世後，成了一個富人，每天都在給予和付出。

Life Wisdom

世間絕沒有無付出的回報，也絕沒有無回報的付出。一個人付出的多少，決定了他成就的大小。

永遠不做大多數

敢於突破經驗

一次，一艘遠洋海輪不幸觸礁，沉沒在汪洋大海裡，倖存下來的九位船員拼死登上一座孤島，才得以存活下來。但接下來的情形更糟，島上除了石頭還是石頭，沒有任何可以用來充饑的東西。更要命的是，在烈日的曝晒下，每個人口渴得冒煙，水成為最珍貴的東西。儘管四周是水——海水，可誰都知道，海水又苦又澀又鹹，根本不能用來解渴。現在，九個人唯一的生存希望是下雨或別的過往船隻發現他們。

等啊等，沒有任何下雨的跡象，天際除了海水還是一望無邊的海水，沒有任何船隻經過這個死寂的島嶼。漸漸地，已有八個船員支撐不下去，紛紛渴死在孤島。當最後一位船員快要渴死時，他實在忍受不住了，就撲進大海，「咕嚕咕嚕」地喝了一肚子海水。

船員喝完海水，一點也感覺不出海水的苦澀味，相反地還覺得這海水又甘又甜，非常解渴。也許這是自己渴死前的幻覺吧。他靜靜地躺在島上這樣想著，等著死神的降臨。當睡了一覺醒來發現自己還活著時，船員非常奇怪，於是他每天就靠喝島邊的海水度日，終於等來了救援的船隻。

之後人們化驗海水才發現，這兒由於有地下泉水的不斷翻湧，海水實際上全是可口的泉水。

Life Wisdom

誰都知道「海水是鹹的」，「根本不能飲用」，這是基本的「常識」。因此，八名船員被渴死了。是環境，是經驗害死了他們。敢於突破「經驗」，才有生存和成功的希望。

不破不立

在一次宴會上，一位客人對哥倫布說：「你發現了新大陸有什麼了不起，新大陸只不過是客觀的存在物，剛巧被你撞上了。」

哥倫布沒有同他爭論，而是拿出一顆雞蛋，讓他立在光滑的桌面上。

這位客人試來試去，無論如何也不能把雞蛋立起來，終於無能為力地住手了。

這時，只見哥倫布拿起雞蛋往桌面上一磕，下面的蛋殼破了，但雞蛋穩穩地立在了桌面上。之後，哥倫布說了一句頗富哲理的話：「不破不立也是一種客觀存在，但有人就是發現不了。」

Life Wisdom

不破不立客觀存在著，並不是每個人都能發現的。在許多人的腦子裡，傳統思維已成定勢，當一種新生事物來臨時，他除了嘲笑、懷疑之外，便是無動於衷，無能為力。

這才是真正的淘金人

兩個墨西哥人沿密西西比河淘金，到了一個河叉分了手，因為一個人認為阿肯色河可以淘到更多金子，一個人認為到俄亥俄河發財的機會更大。

十年後，到俄亥俄河的人果然發了財，在那兒他不僅找到大量的金沙，而且建了碼頭，修了公路，還使他落腳的地方成了一個大集鎮。現在俄亥俄河岸邊的匹茲堡市商業繁榮，工業發達，無不起因於他的拓荒和早期開發。

但進入阿肯色河的人似乎就沒有那麼幸運，自分手後就沒了音訊。有的說已經葬身魚腹，有的說已經回了墨西哥。直到五十年後，一個重二．七公斤的自然金塊在匹茲堡引起轟動，人們才知道他的一些情況。當時，匹茲堡《新聞週刊》的一位記者曾對這塊金子進行追蹤，他寫道：「這顆全美最大的金塊源自於阿肯色，是一位年輕人在他屋後的魚塘裡撿到的，從他祖父留下的日記看，這塊金子是他的祖父扔進去的。」

隨後，《新聞週刊》刊登了那位祖父的日記。其中一篇是這樣的：昨天，我在溪水裡又發現了一塊金子，比去年淘到的那塊更大，進城賣掉它嗎？那就會有成百上千的人湧向這兒，我和妻子親手用一根根圓木搭建的棚屋，揮灑汗水開墾的菜園和屋後的池塘，還有傍晚的火堆、忠誠的獵狗、美味的燉肉山雀、樹木、天空、草原，大自然贈給我們珍貴的靜逸和自由都將不復存在。我寧願看到它被扔進魚塘時盪起的水花，也不願眼睜睜地望著這一切從我眼前消失。

Life Wisdom

一九六〇年代正是美國開始創造百萬富翁的年代，每個人都在瘋狂地追求金錢。可是，這位淘金者卻把淘到的金子扔掉了。這位淘金者才是一位真正的淘金人。

創造機會

英國和美國的兩家皮鞋工廠，各自派了一名推銷員到太平洋的某個島嶼去開闢市場。兩個推銷員到達後的第二天，各給自己的工廠拍回一封電報。

一封電報是：「這座島上沒有人穿鞋子，我明天搭第一班飛機回去。」

另一封電報是：「好極了，這個島上沒有一個人穿鞋子，我將駐在此地大力推銷。」

Life Wisdom

聰明人創造的機會比他找到的多——任何人都能在商店裡看時裝，在博物館裡看歷史。但具有創造性的開拓者在五金店裡看歷史，在飛機場上看時裝。

不要變成別人的「複製品」

有一隻烏鴉很羨慕那些在屋頂籠子裡尋吃的白鴿。為了讓自己「躋身」白鴿群，牠便將黑羽毛染成白色，偷偷地混進白鴿群中。

那群白鴿都以為烏鴉是其同類，於是讓牠跟著一起住一起吃。

有一天，烏鴉在吃食物時，發出了叫聲，身分終於暴露，被那群白鴿趕了出去。

在傷心之餘，烏鴉回到原來居住的地方，昔日與牠一起飛翔的烏鴉都認不得牠了。

「烏鴉怎會是白色的呢？」

牠又被這群烏鴉驅逐出族類。

最後，這隻烏鴉走投無路，投海自盡了。

Life Wisdom

每個人都有其長處與優點，我們可以學習某個人的方式或技巧，但絕不可以像崇拜「明星」一樣去盲目崇拜，刻意地改變自己及模仿他人。一個人如果喪失其本身的獨特性，就會變成別人的「複製品」，從而遭到大家的嘲笑和厭棄。

泥濘的路才能留下腳印

鑒真和尚剛剛剃度遁入空門時，寺裡的住持讓他做了寺裡誰都不願做的行腳僧。

有一天，日已三竿，鑒真依舊大睡不起。住持很奇怪，推開鑒真的房門，見床邊堆了一大堆破破爛爛的芒鞋，於是叫醒鑒真問：「你今天不外出化緣，堆這麼一堆破芒鞋做什麼？」

鑒真打了個哈欠說：「別人一年一雙芒鞋都穿不破，我剛剃度一年多，就穿爛了這麼多的鞋子，我是不是該為廟裡節省些鞋子？」

住持一聽就明白了，微微一笑說：「昨天夜裡下了一場雨，你隨我到寺前的路上走走看看吧。」

寺前是一座黃土坡，由於剛下過雨，路面泥濘不堪。

住持拍著鑒真的肩膀說：「你是願意做一天和尚撞一天鐘，還是想做一個能光大佛法的名僧？」

鑒真說：「我當然希望能做光大佛法的一代名僧。」

住持撚鬚一笑：「你昨天是否在這條路上走過？」鑒真說：「當然。」

住持問：「你能找到自己的腳印嗎？」

鑒真十分不解地說：「昨天這路又平又硬，小僧哪能找到自己的腳印？」

住持又笑笑說：「今天我倆在這路上走一遭，看能不能找到你的腳印？」

鑒真頓悟。

Life Wisdom

泥濘的路才能留下腳印。一生碌碌無為的人，就像一雙腳踩在又平又硬的大路上，腳步抬起，什麼也沒有留下。而那些經風沐雨的人，就像一雙腳行走在泥濘裡，他們走遠了，但腳印卻印證著行走的價值。

為自己創造機會

春秋時期，楚王請了很多臣子來喝酒吃飯，席間歌舞妙曼，美酒佳餚，燭光搖曳。同時，楚王還命令兩位他最寵愛的美人許姬和麥姬輪流向臣子們敬酒。

忽然一陣狂風颳來，吹滅了所有蠟燭，漆黑一片，席上一位官員便乘機揩油親澤，摸了許姬的玉手。許姬一甩手，扯了他的帽帶，匆匆回到座位上對楚王說：「剛才有人乘機調戲我，我扯斷了他的帽帶，你快叫人點起蠟燭來，看誰沒有帽帶，就知道是誰了。」

楚王聽了，連忙命令手下先不要點燃蠟燭，卻大聲向各位臣子說：「我今天晚上，一定要與各位一醉方休，來，大家都把帽子脫了痛快飲一場。」

眾人都沒有戴帽子，也就看不出是誰的帽帶斷了。後來楚王攻打鄭國，有一位猛將獨自率領幾百人，為三軍開路，過關斬將，直通鄭國的首都。此人就是當年摸許姬手的那一位。他因楚王施恩於他，而發誓畢生效忠於楚王。

Life Wisdom

人非聖賢，孰能無過。很多時候，我們都需要寬容。寬容不僅是給別人機會，更是為自己創造機會。

向你的敵人敬杯酒

康熙大帝在位執政六十年之際，特舉行「千叟宴」以示慶賀。

宴會上，康熙敬了三杯酒：

第一杯敬孝莊太皇太后，感謝孝莊輔佐他登上皇位，一統江山。

第二杯敬眾位大臣及天下萬民，感謝眾臣齊心協力盡忠朝廷，萬民俯首農桑，天下昌盛。

當康熙端起第三杯酒時，說：「這杯酒敬朕的敵人，吳三桂、葛爾丹還有鰲拜。」眾臣目瞪口呆，康熙接著說：「是他們逼著朕建立了豐功偉績，沒有他們，就沒有今天的朕，朕感謝他們。」

Life Wisdom

對手總會給你帶來壓力，逼迫你努力投入「鬥爭」中，並想辦法成為勝利者。你的敵人是你前進的動力，在同對手的對抗中，才能真正地磨練自己。一個人身價的高低，就看他的對手。

別只把自己當作是鴨子

一隻鴨子在遼闊的平原上練習飛翔，牠天天想像著自己能像一隻老鷹一樣在天空展翅飛翔，可是牠一次次地摔倒，仍舊沒有飛起來。

樹上一隻小鳥問牠母親：「那不是一隻鴨子嗎，牠為什麼那麼拚命地想飛呢？」

母親告訴牠的孩子：「那就是一隻鴨子，但牠總認為自己是隻老鷹。」

有天，主人準備把這批鴨子賣掉，所有的鴨子都被捉起來了，當主人再去捉那隻試圖飛翔的鴨子時，卻沒有能力捉住牠。那隻鴨子動作很敏捷，最終逃脫了厄運，成為一隻自由的鴨子。

Life Wisdom

看似愚蠢的鴨子沒有白白練習飛翔。那一陣子的練習使牠能逃過一劫。別只把自己當作是鴨子，你就會和其他的鴨子不一樣。

生命的智慧

讀懂上帝的三封信

一位老先生因為心肌梗塞而死，他向上帝大發牢騷說：「上帝啊！你叫我回來，我一點也不埋怨你。但是為什麼在召我回來之前，不先通知我一聲？叫我作好心理準備，對子女也有個交代，你讓我完全措手不及。」

上帝溫柔地回答說：「我曾寫了三封信給你，提醒你預備好回老家呀！」

老人驚訝地說：「沒有啊！我怎麼沒收到呢？」

上帝說：「第一封信是讓你腰痠背痛；第二封信是讓你的頭髮開始斑白；第三封信是使你的牙齒逐漸脫落。這些都是提醒你快回老家的信號啊！」

Life Wisdom

生老病死，是人一生中不可避免的。如果要我們在生命的彌留之際不心存遺憾，那麼從現在開始就該：做我們最想做的，玩我們最想玩的，不要被那些虛無標緲的東西左右著。

每個日子可能都是末日

在一個偏遠、封閉的小鎮只能聽到兩個電台：第一電台專門廣播名人消息、CALL IN節目，或是熱門歌曲排行榜，它的收聽率相當高；第二電台則是氣象專業電台，它的聽眾只有一小群人。

一天晚上，氣象電台發出緊急警告：一場威力驚人的「龍捲風」將在午夜來襲本鎮，電台呼籲鎮民立即疏散他處。這一小群聽眾立刻集結起來，有的去找鎮長，有的到街上敲鑼打鼓，有的打電話給第一電台，請求播出龍捲風消息，好保存身家性命。

鎮長說：「本鎮從未有過龍捲風，龍捲風的消息是氣象電台誤報或捏造，為的是提高收聽率。」敲鑼打鼓的人則被視為瘋子。而第一電台則以現場正在訪問名人為由，不肯插播這一條「生死存亡」的消息。

一天後，小鎮就被一場惡魔般的「龍捲風」夷為平地——後來者沒有人知道這塊地曾經是一個小鎮。

Life Wisdom

每個日子都可能是最後的日子，我們要用心地看看這個世界，用心看看自己，不要把每一件事都視為是理所當然。畢竟，所有的事情都會改變。

世界末日你在做什麼

一份新創刊的《漫畫週刊》，為了盡快提升讀者對刊物的熱情和發行量，經過一番策劃之後，推出了一項「徵畫活動」：要求應徵作品以《世界的最後時刻》為題，表現主題是在世界即將毀滅的最後時刻，你或你的親人們會做些什麼。

在限定的日期內，來自世界各地的作品堆積如山。為了獲取高額獎金，所有的應徵者都將想像力發揮到了極致：在世界的最後時刻情侶緊緊抱在一起，一邊喝酒一邊接吻；在最後時刻將鈔票堆在大街上燃燒；在最後時刻坐上太空船逃離地球……

但最後獲得十萬美元的，是一位家庭主婦用鉛筆在一張包裝紙上畫的漫畫：她在廚房洗完碗筷後，伸手關緊水龍頭開關，丈夫則坐在餐桌旁的地板上，有兩個小男孩，正在玩積木……

評審們對這看似平常的作品的評語是：我們震驚於這一家的平靜。他們理解了世界存在的意義和人們的最高追求。

Life Wisdom

世界仍沒有毀滅，每個人現在還是要生活，活在當下。不要被沒有到來的東西所誘惑，也不要被即將到來的東西所嚇倒。

只有今天屬於你

有個富翁對自己窖藏的葡萄酒非常自豪。窖裡保留著一罈只有他知道、某種場合才能喝的陳酒。

一天，州府的總督登門拜訪。富翁提醒自己：「這罈酒不能僅僅為一個總督啟封。」又一天，地區主教來看他，他自忖道：「不，不能開啟那罈酒。他不懂這種酒的價值，酒香也飄不進他的鼻孔。」後來，王子來訪，和他同進晚餐，他也想：「區區一個王子喝這種酒過分奢侈了。」甚至在他兒子結婚那天，他還對自己說：「不行，接待這種客人，不能抬出這罈酒。」

許多年後，富翁死了，像花的種子一樣被埋進了地裡。下葬那天，陳酒罈和其他酒罈一起被搬了出來，左鄰右舍的農夫把酒統統喝光了。誰也不知道這罈陳年老酒的久遠歷史。對他們來說，所有倒進酒杯裡的僅是酒而已。

Life Wisdom

大多數人都無法明白自己應該扮演的角色，他們就在過去、現在和未來這三個不同的時空裡穿梭著。昨天已成過去，明天只是一種期許，只有今天才是真正擁有的。何不學著一次只過一天呢？

安逸是災難來臨的前兆

有一條五彩繽紛的美麗魚兒總想找個機會離開大海。一天，牠被漁夫打撈上來，放養在一口破舊的水缸中。每天，漁夫總會往水缸裡放些魚蟲，魚大口地吃著，累了就停下來打個盹。魚開始慶幸自己的美妙命運，慶幸現在的生活，慶幸自己有一身花衣。

可是，日子一天一天地過，牠一天一天地游，似乎有些厭倦，但再怎麼樣也不願回到海中。「我是一條漂亮的魚。」牠總是這樣對自己說。

有天，漁夫要去遠海捕魚，十天半月才能回家。魚只好吃漁夫兒子的殘羹剩飯，心情極糟，牠默默盼著漁夫快回來。誰知，漁夫出海遇難了。漁夫兒子收拾東西搬走了。什麼都帶上了，只忘了那條漂亮的魚。

想到昔日漁夫待牠實在不薄，現在卻遇難身亡，魚十分悲傷。但緊接著，牠也開始抱怨，抱怨水缸太小，抱怨漁夫的兒子對自己無禮，抱怨漁夫輕易出海，甚至抱怨牠決意離開大海時，夥伴們為何不加勸阻。魚抱怨自己所認識的一切，只忘了抱怨牠自己。

時間靜悄悄地過去了，破水缸裡的這條魚看上去的確很漂亮，但牠卻成了一條死魚。

Life Wisdom

居安思危，永遠把安逸當作是災難來臨的前兆。這樣，當困難和災難來臨時，你才會想方設法擺脫現狀，而不是抱怨，不會一籌莫展。

沒有永遠的冠軍

蚊子來到獅子身邊說：「我一點也不怕你，因為你並不比我強。不相信的話，你說說你能做什麼？用爪抓？還是用牙咬呢？那都是夫妻吵架時女人做的事。我可比你厲害多了，如果你願意，我們不妨比比看。」

於是蚊子飛到獅子臉上，刺遍臉上沒有長毛的地方。獅子不停地用爪子抓自己的臉，最後還是投降了。蚊子戰勝獅子以後，唱著凱旋歌飛走了。可是一不小心，被蜘蛛網網住了，當蜘蛛要來吃牠的時候，蚊子很感慨地說：「我贏了森林之王，沒想到卻敵不過弱小的蜘蛛！」

Life Wisdom

沒有永遠的冠軍和第一名。得意時勿驕、失意時勿躁。飄飄然的時候是最危險的時候。

什麼是最好的醫生

一個年過半百的人身患絕症，四處求醫，卻未見效。一個智者告訴他：「你這種病有人能治，但你必須四方吟遊，才能引他露面。」於是這個人開始流浪，四處吟唱，唱給富人、窮人、病人、孩子聽。

數十年過去了，他從壯年變成老年，成了著名的吟遊歌手，他的歌治癒了許多人的頑症，而他卻渾然不知，一年一年唱過了百歲。一天，一個路人問他為什麼唱得如此動聽，老人回答：「為了找一個神醫治我的絕症，咳，唱了五十多年，可他還沒露面。我這病真不知道該怎麼辦？」

那人說：「巧了，我就是醫生。」於是路人便為老人做了全面檢查。檢查完後，路人笑著對老人說：「你說你都一百多歲了，可身體還這麼硬朗，哪有什麼病啊？」

「難道那個智者騙我不成？」老翁顧不上多想，興奮地高喊：「我的病好了，不用再唱了，不用找那個醫生了！」

誰知，第二天老人就死了。

Life Wisdom

歌唱、給予，在尋找中不停地到達，這就是最好的醫生，這就是生命的本質。而停止這一切，死亡之神的腳步就近了。生命只有一次。去尋找生命的快樂，才是生命的意義。

不要怕，不要悔

一個年輕人離開部落，開始創造自己的未來。少小離家，心裡難免有幾分惶恐。他動身後的第一站，是去拜訪部落酋長，請求指點。

酋長正在臨帖練字，他聽說部落有位後輩開始踏上人生的旅途，就隨手寫了三個字「不要怕」，然後抬起頭來，望著前來求教的年輕人說：「孩子，人生的祕訣只有六個字，今天先告訴你三個字，供你半生受用。」

二十年後，這個年輕人已是中年，他有一些成就，也添了很多傷心事。歸程漫漫，近鄉情怯，他又去拜訪那位酋長。

他到了酋長家裡，才知道老人家幾年前已經去世。家人取出一個密封的封套對他說：「這是老酋長生前留給你的，他說有一天你會再來。」還鄉的遊子這才想起來，二十年前他在這裡聽到人生的一半秘密。拆開封套，裡面赫然又是三個大字「不要悔」。

Life Wisdom

人生在世，中年以前不要怕，中年以後不要悔，這顯然是經驗的提煉，智慧的濃縮。

永遠只吃七分飽

養鳥的人捕了許多鳥，關在鳥籠裡，天天觀察，定時餵食。鳥尾巴毛長了，他就將它剪短，並且每天挑出比較胖的鳥，送到廚房做菜肴。

有一隻鳥，在籠子裡思忖著：「要是我吃多了，一長肥就得去送死；要是不吃，也得活活餓死。我應該自己計算食量，少吃一些，既能少長肉，又能使羽毛長得光滑，然後從籠裡逃出去。」

他按自己的想法，減少食量，結果身子又瘦又小，羽毛又光滑，終於實現願望，逃了出去。

Life Wisdom

永遠只吃七分飽，拒絕過安逸和平庸的日子。只有在拼搏和經受考驗中，才能找到快樂的果實。

信念使得世界永存

當一場地震來臨時，有三個農夫正在羊圈旁的窯洞裡守衛著羊群。在地動山搖的那一刻，他們立刻感到一場災難已經來到，首先是離門口最近的那個農夫開始向外面逃竄，然後是第二個，第三個。但是，當第一個、第二個農夫連續被轟然倒塌的土牆壓倒時，第三個農夫連同厚厚的土同時壓在了第二個農夫身上。

第三個農夫是幸運的，僅有的一點稀薄的空氣使他的生命得到了短暫的延續。但是，那點空氣顯然不能使他維持多久，於是他在死亡的邊緣上開始了艱難的掙扎。在黑暗、絕望的世界裡，始終有一種堅強的信念支撐著他，他以為第一個農夫一定能成功地逃生並且很快會喊來救難人員，所以他一定能活下來。於是，他奮力地掙扎，不斷地用雙手刨著土。

就這樣，十幾個鐘頭過去了，就在他已經奄奄一息時，他終於聽到了救難人員的聲音，但他已經沒有喊叫的力氣了。就在被挖出來的那一刻，他徹底失去了知覺，但最終他還是成功地活了下來。

Life Wisdom

在那樣稀薄的空氣中，能夠存活下來簡直就是個奇蹟。信念是支撐生命的力量。如果不是那個信念，這位活下來的農夫肯定不會堅持那麼久；如果他放棄了生存的希望，也可能早就被死亡魔鬼拉到另一個世界去了。

那隻手可能會害了你

有個科學家在研究人類潛在的生命力。他在實驗室裡，以小白鼠作實驗。每天一大早，他就從籠子裡抓出小白鼠，放進一個透明的玻璃水池內，然後開始計算時間。

科學家在玻璃池旁觀察小白鼠在水裡掙扎的情況，直到那隻小白鼠快有溺斃的危險時，科學家才趕忙將牠撈出來，放回籠中。當然，科學家沒忘記計算時間。

這樣的實驗進行了一個星期，每天的紀錄顯示小白鼠的掙扎時間在增加著。有一天早晨，科學家又繼續他的實驗。他將小白鼠丟進池中，不久，電話響了，他便轉身去接電話。那是他女朋友打來的電話，情話綿綿，讓科學家忘了池中的小白鼠。當他記起時，側身一看，那小白鼠已經浮在水面上了。

小白鼠的死，是因為那通「致命的電話」？當然不是，那又是誰害死牠的呢？原來，每次科學家將牠丟進池中，過了不久，便會將牠抓上來。連續了幾天，那小白鼠便告訴自己：「何必這麼辛苦掙扎呢，最終會有一隻手撈我上去的！」就因為這個觀念，牠不去發揮其潛能掙扎生存，最終被淹死了。

Life Wisdom

小白鼠是因為太依靠人而死亡的。若想成功，他人能給予幫助是件好事，但最終還是要靠自己。自力更生，不斷提升自己的能力，才能左右自己的命運與前程。

比金子還貴重的東西

在非洲一片茂密的叢林裡有四個皮包骨的男子，他們扛著一只沉重的箱子，在叢林裡踉踉蹌蹌地前行。

這四個人是：巴里、麥克里斯、約翰斯、吉姆，他們是跟隨隊長馬克格夫進入叢林探險的。馬克格夫曾答應給他們優厚的工資，但是在任務即將完成時，馬克格夫不幸得病而長眠在叢林中。

這只箱子是馬克格夫臨死前親手製作的。他十分誠懇地對四人說道：「我要你們向我保證，一步也不離開這只箱子。如果你們把箱子送到我朋友麥克唐納教授手裡，你們將分得比金子還要貴重的東西。我想你們會送到的，我也向你們保證，比金子還要貴重的東西，你們一定能得到。」

埋葬了馬克格夫以後，這四個人就上路了。但密林的路越來越難走，箱子也越來越沉重，而他們的力氣也越來越小了。他們像囚犯一樣在泥潭中掙扎著。一切都像惡夢，只有這只箱子是實在的，是這只箱子在撐著他們的身軀！否則他們全倒下了。他們互相監視著，不准任何人單獨亂動這只箱子。在最艱難的時候，他們想到了未來的報酬是多少，當然，有了比金子還重要的東西……

終於有一天，綠色的屏障突然拉開，他們經過千辛萬苦終於走出了叢林。四個人急忙找到麥克唐納教授，迫不急待地問起應得的報酬。教授似乎沒聽懂，只是無可奈何地把手一攤，說道：「我是一無所有啊，喔，或許箱子裡有什麼寶貝吧。」於是當著四個人的面，教授打開了箱子，大家一看，都傻了眼，滿滿一堆無用的木頭！

「這開的是什麼玩笑？」約翰斯說。

「屁錢都不值，我早就看出那傢伙有神經病！」吉姆吼道。

「比金子還貴重的報酬在哪裡？我們上當了！」麥克里斯憤怒地嚷著。

此刻，只有巴里一聲不吭，他想起了他們剛走出的密林裡，到處是一堆堆探險者的白骨，他想起了如果沒有這只箱子，他們四人或許早就倒下去了……於是，巴里站起來，對夥伴們大聲說道：「你們不要再抱怨了。我們得到了比金子還貴重的東西，那就是生命！」

Life Wisdom

人生中有些目標最終都無法實現，但至少它們曾經激勵和支撐了我們的一段生活，這就值得感謝。現代一些人的無聊、厭世、缺少激情，其病根，大都在於目的的喪失。說到底，我們還得有所追求才好。

列一張生命的清單

耳鼻喉科病房裡同時住進來兩位病人，都是鼻子不舒服。在等待化驗結果期間，甲說，如果是癌，立即去旅行，他首先要去拉薩。乙也同樣如此表示。結果，甲得的是鼻癌，乙長的是鼻息肉。

甲列了一張告別人生的計畫表離開了醫院，乙住了下來。甲的計畫表是：去一趟拉薩和敦煌；從攀枝花坐船一直到長江口；到海南的三亞以椰子樹為背景拍一張照片；在哈爾濱過一個冬天；從大連坐船到廣西的北海；登上天安門；讀完莎士比亞的所有作品；力爭聽一次瞎子阿炳原版的「二泉映月」；寫一本書。凡此種種，共二十七條。

他在這張生命的清單後面這麼寫道：我的一生有很多夢想，有的實現了，有的由於種種原因沒有實現。現在上帝給我的時間不多了，為了不遺憾地離開這個世界，我打算用生命的最後幾年去實現還剩下的這二十七個夢想。

當天，甲就辭掉了公司的職務，去了拉薩和敦煌。第二年，又以驚人的毅力和韌性通過了大學學測。這期間，他登上過天安門，遊覽過內蒙古大草原，還在一戶牧民家裡住了一個星期。現在他正在實現出一本書的夙願。

有一天，乙在報上看到甲寫的一篇散文，打電話去問甲的病。甲說：「我真的無法想像，要不是這場病，我的生命該是多麼的糟糕。是它提醒了我，去做自己想做的事，去實現自己想實現的夢想。現在我才體會到什麼是真正的生命和人生。想必你也過得不錯吧！」乙沒有回答。因為在醫院時說要去拉薩和敦煌的事，他早已因患的不是癌症而拋諸腦後了。

Life Wisdom

在這個世界上，其實每個人都患有一種癌症，那就是不可抗拒的死亡。正因為我們認為自己還會活得更久——這一點量上的差別，使我們的生命有了質的不同：有人把夢想變成了現實；有人把夢想帶進了墳墓。

如此把玩生命

他出生於義大利，青年時來到美國學習變戲法，成為世界知名的藝人。終於他決定退休，渴望返回家鄉定居。他帶著所有財產，買了返回義大利的船票，然後用所有剩餘的金錢買了一顆鑽石，藏在艙房裡。

登船後，他向一位男孩表演如何能同時拋耍幾個蘋果。不久，一批觀眾聚攏過來，此刻的成就使他非常得意，他跑回艙房拿出他的鑽石，向觀眾解釋說這是他畢生的積蓄，然後開始拋耍那鑽石。不久，他的表演越來越驚險。

他把鑽石丟得極高，觀眾皆屏息以待。眾人知道鑽石的價值，都求他不要再那樣做。但由於當時的刺激，他再次把鑽石丟得更高。觀眾再次屏息，然後在他接住鑽石時鬆了一口氣。

他對自己和自己的能力充滿信心，他告訴觀眾他將再丟一次，這次他將把鑽石拋到一個新的高度，甚至它將暫時從眾人眼前消失。觀眾再次求他不要那樣做。但他憑著多年經驗產生的自信，把鑽石高高拋向空中。鑽石果真消失了一會兒，然後又在陽光照耀下發出了閃爍的光芒。

只是突然間，船隻傾斜了一下，鑽石竟掉入海中，從此消失得無影無蹤。

Life Wisdom

我們有時也會如此把玩自己的生命。往往旁觀者明白靈魂的寶貴，要求我們不要冒險，我們仍會繼續把玩，因為我們太相信自己的能力、經驗——我們不知道生命之船何時將傾斜，我們會因此永遠失去機會。

與死亡有個約會

有位富有的巴格達商人派僕人去市場。在市場上，人群中有人推擠了僕人一下，他回頭一看，原來是一個身披黑長袍的老婦人，他知道那是「死亡」。

僕人趕忙跑回去，一面發抖，一面向主人述說方才的遭遇，以及「死亡」怎樣用奇特的眼神看著他，並露出威脅的表情。

僕人乞求主人借他一匹馬，好讓他騎到撒瑪拉，免得「死亡」找到他。主人同意，於是僕人立刻上馬疾馳而去。

商人稍晚到市場，看見「死亡」就站在附近。商人說：「你為什麼做出威脅的神情，恐嚇我的僕人？」

「那不是威脅的神情，」「死亡」說：「我只是很稀奇會在巴格達看見他，我們明明約好今晚在撒瑪拉碰面的！」

Life Wisdom

生老病死，是生命成長的必然規律。逃避也許更會弄巧成拙，畢竟誰也沒有辦法預測這些。活在當下，別太在意死亡——好好活著才是你要做好的事。

大都會文化圖書目錄

●度小月系列

路邊攤賺大錢【搶錢篇】	280元	路邊攤賺大錢2【奇蹟篇】	280元
路邊攤賺大錢3【致富篇】	280元	路邊攤賺大錢4【飾品配件篇】	280元
路邊攤賺大錢5【清涼美食篇】	280元	路邊攤賺大錢6【異國美食篇】	280元
路邊攤賺大錢7【元氣早餐篇】	280元	路邊攤賺大錢8【養生進補篇】	280元
路邊攤賺大錢9【加盟篇】	280元	路邊攤賺大錢10【中部搶錢篇】	280元
路邊攤賺大錢11【賺翻篇】	280元	路邊攤賺大錢12【大排長龍篇】	280元
路邊攤賺大錢13【人氣推薦篇】	280元	路邊攤賺大錢14【精華篇】	280元

● DIY系列

路邊攤美食DIY	220元	嚴選台灣小吃DIY	220元
路邊攤超人氣小吃DIY	220元	路邊攤紅不讓美食DIY	220元
路邊攤流行冰品DIY	220元	路邊攤排隊美食DIY	220元
把健康吃進肚子—40道輕食料理easy做	250元		

●流行瘋系列

跟著偶像FUN韓假	260元	女人百分百—男人心中的最愛	180元
哈利波特魔法學院	160元	韓式愛美大作戰	240元
下一個偶像就是你	180元	芙蓉美人泡澡術	220元
Men力四射—型男教戰手冊	250元	男體使用手冊－35歲+♂保健之道	250元
想分手？這樣做就對了！	180元		

●生活大師系列

遠離過敏—打造健康的居家環境	280元	這樣泡澡最健康—紓壓・排毒・瘦身三部曲	220元
兩岸用語快譯通	220元	台灣珍奇廟—發財開運祈福路	280元
魅力野溪溫泉大發見	260元	寵愛你的肌膚—從手工香皂開始	260元
舞動燭光—手工蠟燭的綺麗世界	280元	空間也需要好味道—打造天然香氛的68個妙招	260元
雞尾酒的微醺世界—調出你的私房Lounge Bar風情	250元	野外泡湯趣—魅力野溪溫泉大發見	260元
肌膚也需要放輕鬆—徜徉天然風的43項舒壓體驗	260元	辦公室也能做瑜珈—上班族的紓壓活力操	220元
別再說妳不懂車—男人不教的Know How	249元	一國兩字—兩岸用語快譯通	200元

宅典	288 元	超省錢浪漫婚禮	250 元
旅行，從廟口開始	280 元		

●寵物當家系列

Smart 養狗寶典	380 元	Smart 養貓寶典	380 元
貓咪玩具魔法 DIY—讓牠快樂起舞的 55 種方法	220 元	愛犬造型魔法書—讓你的寶貝漂亮一下	260 元
漂亮寶貝在你家—寵物流行精品 DIY	220 元	我的陽光・我的寶貝—寵物真情物語	220 元
我家有隻麝香豬—養豬完全攻略	220 元	SMART 養狗寶典（平裝版）	250 元
生肖星座招財狗	200 元	SMART 養貓寶典（平裝版）	250 元
SMART 養兔寶典	280 元	熱帶魚寶典	350 元
Good Dog—聰明飼主的愛犬訓練手冊	250 元	愛犬特訓班	280 元
City Dog—時尚飼主的愛犬教養書	280 元	愛犬的美味健康煮	250 元
Know Your Dog—愛犬完全教養事典	320 元	Dog's IQ 大考驗——判斷與訓練愛犬智商的 50 種方法	250 元
幼貓小學堂—Kitty 的飼養與訓練	250 元	幼犬小學堂——Puppy 的飼養與訓練	250 元

●人物誌系列

現代灰姑娘	199 元	黛安娜傳	360 元
船上的 365 天	360 元	優雅與狂野—威廉王子	260 元
走出城堡的王子	160 元	殤逝的英格蘭玫瑰	260 元
貝克漢與維多利亞—新皇族的真實人生	280 元	幸運的孩子—布希王朝的真實故事	250 元
瑪丹娜—流行天后的真實畫像	280 元	紅塵歲月—三毛的生命戀歌	250 元
風華再現—金庸傳	260 元	俠骨柔情—古龍的今生今世	250 元
她從海上來—張愛玲情愛傳奇	250 元	從間諜到總統—普丁傳奇	250 元
脫下斗篷的哈利—丹尼爾・雷德克里夫	220 元	蛻變—章子怡的成長紀實	260 元
強尼戴普—可以狂放叛逆，也可以柔情感性	280 元	棋聖 吳清源	280 元
華人十大富豪—他們背後的故事	250 元	世界十大富豪—他們背後的故事	250 元
誰是潘柳黛？	280 元		

●心靈特區系列

每一片刻都是重生	220 元	給大腦洗個澡	220 元
成功方與圓—改變一生的處世智慧	220 元	轉個彎路更寬	199 元
課本上學不到的 33 條人生經驗	149 元	絕對管用的 38 條職場致勝法則	149 元
從窮人進化到富人的 29 條處事智慧	149 元	成長三部曲	299 元

心態—成功的人就是和你不一樣	180 元	當成功遇見你—迎向陽光的信心與勇氣	180 元
改變，做對的事	180 元	智慧沙	199 元（原價 300 元）
課堂上學不到的 100 條人生經驗	199 元（原價 300 元）	不可不防的 13 種人	199 元（原價 300 元）
不可不知的職場叢林法則	199 元（原價 300 元）	打開心裡的門窗	200 元
不可不慎的面子問題	199 元（原價 300 元）	交心—別讓誤會成為拓展人脈的絆腳石	199 元
方圓道	199 元	12 天改變一生	199 元（原價 280 元）
氣度決定寬度	220 元	轉念—扭轉逆境的智慧	220 元
氣度決定寬度 2	220 元	逆轉勝—發現在逆境中成長的智慧	199 元（原價 300 元）
智慧沙 2	199 元	好心態，好自在	220 元
生活是一種態度	220 元	要做事，先做人	220 元
忍的智慧	220 元	交際是一種習慣	220 元
溝通—沒有解不開的結	220 元	愛の練習曲—與最親的人快樂相處	220 元
有一種財富叫智慧	199 元	幸福，從改變態度開始	220 元
菩提樹下的禮物—改變千萬人的生活智慧	250 元	有一種境界叫捨得	220 元

● SUCCESS 系列

七大狂銷戰略	220 元	打造一整年的好業績—店面經營的 72 堂課	200 元
超級記憶術—改變一生的學習方式	199 元	管理的鋼盔—商戰存活與突圍的 25 個必勝錦囊	200 元
搞什麼行銷— 152 個商戰關鍵報告	220 元	精明人聰明人明白人—態度決定你的成敗	200 元
人脈＝錢脈—改變一生的人際關係經營術	180 元	週一清晨的領導課	160 元
搶救貧窮大作戰？ 48 條絕對法則	220 元	搜驚 ‧ 搜精 ‧ 搜金 —從 Google 的致富傳奇中，你學到了什麼？	199 元
絕對中國製造的 58 個管理智慧	200 元	客人在哪裡？—決定你業績倍增的關鍵細節	200 元
殺出紅海—漂亮勝出的 104 個商戰奇謀	220 元	商戰奇謀 36 計—現代企業生存寶典 I	180 元
商戰奇謀 36 計—現代企業生存寶典 II	180 元	商戰奇謀 36 計—現代企業生存寶典 III	180 元
幸福家庭的理財計畫	250 元	巨賈定律—商戰奇謀 36 計	498 元
有錢真好！輕鬆理財的 10 種態度	200 元	創意決定優勢	180 元
我在華爾街的日子	220 元	贏在關係—勇闖職場的人際關係經營術	180 元
買單！一次就搞定的談判技巧	199 元（原價 300 元）	你在說什麼？—39 歲前一定要學會的 66 種溝通技巧	220 元
與失敗有約 —13 張讓你遠離成功的入場券	220 元	職場 AQ —激化你的工作 DNA	220 元

智取—商場上一定要知道的 55 件事	220 元	鏢局—現代企業的江湖式生存	220 元
到中國開店正夯《餐飲休閒篇》	250 元	勝出！—抓住富人的 58 個黃金錦囊	220 元
搶賺人民幣的金雞母	250 元	創造價值—讓自己升值的 13 個秘訣	220 元
李嘉誠談做人做事做生意	220 元	超級記憶術（紀念版）	199 元
執行力—現代企業的江湖式生存	220 元	打造一整年的好業績—店面經營的 72 堂課	220 元
週一清晨的領導課（二版）	199 元	把生意做大	220 元
李嘉誠再談做人做事做生意	220 元	好感力—辦公室 C 咖出頭天的生存術	220 元
業務力—銷售天王 VS. 三天陣亡	220 元	人脈＝錢脈—改變一生的人際關係經營術（平裝紀念版）	199 元
活出競爭力—讓未來再發光的 4 堂課	220 元	選對人，做對事	220 元
先做人，後做事	220 元	借力—用人才創造錢財	220 元
有機會成為 CEO 的員工—這八種除外！	220 元		

●都會健康館系列

秋養生—二十四節氣養生經	220 元	春養生—二十四節氣養生經	220 元
夏養生—二十四節氣養生經	220 元	冬養生—二十四節氣養生經	220 元
春夏秋冬養生套書	699 元（原價 880 元）	寒天—0 卡路里的健康瘦身新主張	200 元
地中海纖體美人湯飲	220 元	居家急救百科	399 元（原價 550 元）
病由心生—365 天的健康生活方式	220 元	輕盈食尚—健康腸道的排毒食方	220 元
樂活，慢活，愛生活—健康原味生活 501 種方式	250 元	24 節氣養生食方	250 元
24 節氣養生藥方	250 元	元氣生活—日の舒暢活力	180 元
元氣生活—夜の平靜作息	180 元	自療—馬悅凌教你管好自己的健康	250 元
居家急救百科（平裝）	299 元	秋養生—二十四節氣養生經	220 元
冬養生—二十四節氣養生經	220 元	春養生—二十四節氣養生經	220 元
夏養生—二十四節氣養生經	220 元	遠離過敏—打造健康的居家環境	280 元
溫度決定生老病死	250 元	馬悅凌細說問診單	250 元
你的身體會說話	250 元	春夏秋冬養生—二十四節氣養生經（二版）	699 元
情緒決定你的健康—無病無痛快樂活到 100 歲	250 元	逆轉時光變身書—8 週變美變瘦變年輕的健康祕訣	280 元

● CHOICE 系列

入侵鹿耳門	280 元	蒲公英與我—聽我說說畫	220 元
入侵鹿耳門（新版）	199 元	舊時月色（上輯＋下輯）	各 180 元
清塘荷韻	280 元	飲食男女	200 元
梅朝榮品諸葛亮	280 元	老子的部落格	250 元
孔子的部落格	250 元	翡冷翠山居閒話	250 元

大智若愚	250 元	野草	250 元
清塘荷韻（二版）	280 元	舊時月色（二版）	280 元

● FORTH 系列

印度流浪記一滌盡塵俗的心之旅	220 元	胡同面孔— 古都北京的人文旅行地圖	280 元
尋訪失落的香格里拉	240 元	今天不飛—空姐的私旅圖	220 元
紐西蘭奇異國	200 元	從古都到香格里拉	399 元
馬力歐帶你瘋台灣	250 元	瑪杜莎艷遇鮮境	180 元
絕色絲路 千年風華	250 元		

●大旗藏史館

大清皇權遊戲	250 元	大清后妃傳奇	250 元
大清官宦沉浮	250 元	大清才子命運	250 元
開國大帝	220 元	圖說歷史故事—先秦	250 元
圖說歷史故事—秦漢魏晉南北朝	250 元	圖說歷史故事—隋唐五代兩宋	250 元
圖說歷史故事—元明清	250 元	中華歷代戰神	220 元
圖說歷史故事全集	880 元（原價 1000 元）	人類簡史—我們這三百萬年	280 元
世界十大傳奇帝王	280 元	中國十大傳奇帝王	280 元
歷史不忍細讀	250 元	歷史不忍細讀 II	250 元
中外 20 大傳奇帝王（全兩冊）	490 元	帝王秘事—你不知道的歷史真相	250 元

●大都會運動館

野外求生寶典—活命的必要裝備與技能	260 元	攀岩寶典— 安全攀登的入門技巧與實用裝備	260 元
風浪板寶典— 駕馭的駕馭的入門指南與技術提升	260 元	登山車寶典— 鐵馬騎士的駕馭技術與實用裝備	260 元
馬術寶典—騎乘要訣與馬匹照護	350 元		

●大都會休閒館

賭城大贏家—逢賭必勝祕訣大揭露	240 元	旅遊達人— 行遍天下的 109 個 Do & Don't	250 元
萬國旗之旅—輕鬆成為世界通	240 元	智慧博奕—賭城大贏家	280 元

●大都會手作館

樂活，從手作香皂開始	220 元	Home Spa & Bath — 玩美女人肌膚的水嫩體驗	250 元

愛犬的宅生活—50種私房手作雜貨	250元	Candles的異想世界—不思議の手作蠟燭魔法書	280元
愛犬的幸福教室—四季創意手作50賞	280元		

●世界風華館

環球國家地理・歐洲（黃金典藏版）	250元	環球國家地理・亞洲・大洋洲（黃金典藏版）	250元
環球國家地理・非洲・美洲・兩極（黃金典藏版）	250元	中國國家地理・華北・華東（黃金典藏版）	250元
中國國家地理・中南・西南（黃金典藏版）	250元	中國國家地理・東北・西東・港澳（黃金典藏版）	250元
中國最美的96個度假天堂	250元	非去不可的100個旅遊勝地・世界篇	250元
非去不可的100個旅遊勝地・中國篇	250元	環球國家地理【全集】	660元
中國國家地理【全集】	660元	非去不可的100個旅遊勝地（全二冊）	450元
全球最美的地方—漫遊美國	250元	全球最美的地方—驚豔歐洲	280元

●BEST系列

人脈＝錢脈—改變一生的人際關係經營術（典藏精裝版）	199元	超級記憶術—改變一生的學習方式	220元

●STORY系列

失聯的飛行員—一封來自30,000英呎高空的信	220元	Oh, My God!—阿波羅的倫敦愛情故事	280元
國家寶藏1—天國謎墓	199元	國家寶藏2—天國謎墓II	199元
國家寶藏3—南海鬼谷	199元	國家寶藏4—南海鬼谷II	199元
國家寶藏5—樓蘭奇宮	199元	國家寶藏6—樓蘭奇宮II	199元
國家寶藏7—關中神陵	199元	國家寶藏8—關中神陵II	199元
國球的眼淚	250元	國家寶藏首部曲	398元
國家寶藏二部曲	398元		

●FOCUS系列

中國誠信報告	250元	中國誠信的背後	250元
誠信—中國誠信報告	250元	龍行天下—中國製造未來十年新格局	250元
金融海嘯中，那些人與事	280元	世紀大審—從權力之巔到階下之囚	250元

●禮物書系列

印象花園 梵谷	160 元	印象花園 莫內	160 元
印象花園 高更	160 元	印象花園 竇加	160 元
印象花園 雷諾瓦	160 元	印象花園 大衛	160 元
印象花園 畢卡索	160 元	印象花園 達文西	160 元
印象花園 米開朗基羅	160 元	印象花園 拉斐爾	160 元
印象花園 林布蘭特	160 元	印象花園 米勒	160 元
絮語說相思 情有獨鍾	200 元		

●精緻生活系列

女人窺心事	120 元	另類費洛蒙	180 元
花落	180 元		

● CITY MALL 系列

別懷疑！我就是馬克大夫	200 元	愛情詭話	170 元
唉呀！真尷尬	200 元	就是要賴在演藝	180 元

●親子教養系列

孩童完全自救寶盒（五書＋五卡＋四卷錄影帶）	3,490 元（特價 2,490 元）	孩童完全自救手冊─這時候你該怎麼辦（合訂本）	299 元
我家小孩愛看書─Happy 學習 easy go ！	200 元	天才少年的 5 種能力	280 元
哇塞！你身上有蟲！─學校忘了買、老師不敢教，史上最髒的科學書	250 元	天才少年的 5 種能力（二版）	280 元

◎關於買書：

1. 大都會文化的圖書在全國各書店及誠品、金石堂、何嘉仁、敦煌、紀伊國屋、諾貝爾等連鎖書店均有販售，如欲購買本公司出版品，建議你直接洽詢書店服務人員以節省您寶貴時間，如果書店已售完，請撥本公司各區經銷商服務專線洽詢。
   北部地區：(02)85124067　桃竹苗地區：(03)2128000
   中彰投地區：(04)22465179　雲嘉地區：(05)2354380
   臺南地區：(06)2642655　高屏地區：(07)2367015
2. 到以下各網路書店購買：
   大都會文化網站（http://www.metrobook.com.tw)
   博客來網路書店（http://www.books.com.tw)
   金石堂網路書店（http://www.kingstone.com.tw)
3. 到郵局劃撥：
   戶名：大都會文化事業有限公司　帳號：14050529
4. 親赴大都會文化買書可享 8 折優惠。

98-04-43-04 郵政劃撥儲金存款單

收款帳號	1	4	0	5	0	5	2	9

金額 新台幣（小寫）	億	仟萬	佰萬	拾萬	萬	仟	佰	拾	元

通訊欄（限與本次存款有關事項）

我要購買以下書籍

書名	單價	數量	合計

購書金額未滿600元，另加收60元國內掛號郵資或貨運專送運費。

總計數量及金額：共＿＿＿本，合計＿＿＿元

收款戶名：大都會文化事業有限公司

寄款人 □他人存款 □本戶存款

姓名

地址 □□□−□□

電話

主管：

經辦局收款戳

虛線內備供機器印錄用請勿填寫

◎寄款人請注意背面說明

◎本收據由電腦印錄請勿填寫

郵政劃撥儲金存款收據

收款帳號戶名

存款金額

電腦紀錄

經辦局收款戳

郵政劃撥存款收據 注意事項

一、本收據請妥為保管，以便日後查考。

二、如欲查詢存款入帳詳情時，請檢附本收據及已填妥之查詢函向任一郵局辦理

三、本收據各項金額、數字係機器印製，如非機器列印或經塗改或無收款郵局收訖章者無效。

大都會文化、大旗出版社讀者請注意

一、帳號、戶名及寄款人姓名地址各欄請詳細填明，以免誤寄；抵付票據之存款，務請於交換前一天存入。
二、本存款單金額之幣別為新台幣，每筆存款至少須在新台幣十五元以上，且限填至元位為止。
三、倘金額塗改時請更換存款單重新填寫。
四、本存款單不得黏貼或附寄任何文件。
五、本存款金額業經電腦登帳後，不得申請撤回。
六、本存款單備供電腦影像處理，請以正楷工整書寫並請勿摺疊。帳戶如需自印存款單，各欄文字及規格必須與本單完全相符；如有不符，各局應婉請寄款人更換郵局印製之存款單填寫，以利處理。
七、本存款單帳號與金額欄請以阿拉伯數字書寫。
八、帳戶本人在「付款局」所在直轄市或縣(市)以外之行政區域存款，需由帳戶內扣收手續費。

如果您在存款上有任何問題，歡迎您來電洽詢
讀者服務專線：(02)2723-5216(代表線)
為您服務時間：09：00～18：00(週一至週五)
大都會文化事業有限公司　讀者服務部

交易代號：0501、0502 現金存款　0503票據存款　2212 劃撥票據託收

有一種財富叫智慧 2

作　　者　韓　冰

發 行 人　林敬彬
主　　編　楊安瑜
編　　輯　李彥蓉
內頁編排　帛格有限公司
封面設計　101廣告有限公司

出　　版　大都會文化事業有限公司　行政院新聞局北市業字第89號
發　　行　大都會文化事業有限公司

11051台北市信義區基隆路一段432號4樓之9
讀者服務專線：(02)27235216
讀者服務傳真：(02)27235220
電子郵件信箱：metro@ms21.hinet.net
網　　　　址：www.metrobook.com.tw

郵政劃撥　14050529 大都會文化事業有限公司
出版日期　2010年11月初版一刷
定　　價　199元
I S B N　978-986-6152-02-3
書　　號　Growth-037

4F-9, Double Hero Bldg., 432, Keelung Rd., Sec. 1,
Taipei 11051, Taiwan
Tel:+886-2-2723-5216　Fax:+886-2-2723-5220
Web-site:www.metrobook.com.tw
E-mail:metro@ms21.hinet.net

國家圖書館出版品預行編目資料

有一種財富叫智慧2 / 韓冰著. -- 初版. -- 臺北市：
大都會文化, 2010. 11
　　面；　公分. -- （Growth；037）

ISBN 978-986-6152-02-3（平裝）

1. 人生哲學　2. 通俗作品

191.9　　　　　　　　　　99019694

大都會文化　讀者服務卡

書名：**有一種財富叫智慧2**

謝謝您選擇了這本書！期待您的支持與建議，讓我們能有更多聯繫與互動的機會。

A. 您在何時購得本書：______年______月______日

B. 您在何處購得本書：____________書店，位於____________(市、縣)

C. 您從哪裡得知本書的消息：

1.□書店　2.□報章雜誌　3.□電台活動　4.□網路資訊
5.□書籤宣傳品等　6.□親友介紹　7.□書評　8.□其他

D. 您購買本書的動機：（可複選）

1.□對主題或內容感興趣　2.□工作需要　3.□生活需要
4.□自我進修　5.□內容為流行熱門話題　6.□其他

E. 您最喜歡本書的：（可複選）

1.□內容題材　2.□字體大小　3.□翻譯文筆　4.□封面　5.□編排方式　6.□其他

F. 您認為本書的封面：1.□非常出色　2.□普通　3.□毫不起眼　4.□其他

G. 您認為本書的編排：1.□非常出色　2.□普通　3.□毫不起眼　4.□其他

H. 您通常以哪些方式購書：(可複選)

1.□逛書店　2.□書展　3.□劃撥郵購　4.□團體訂購　5.□網路購書　6.□其他

I. 您希望我們出版哪類書籍：（可複選）

1.□旅遊　2.□流行文化　3.□生活休閒　4.□美容保養　5.□散文小品
6.□科學新知　7.□藝術音樂　8.□致富理財　9.□工商企管　10.□科幻推理
11.□史哲類　12.□勵志傳記　13.□電影小說　14.□語言學習（_____語）
15.□幽默諧趣　16.□其他

J. 您對本書(系)的建議：

____

K. 您對本出版社的建議：

____

讀者小檔案

姓名：______________ 性別：□男　□女　生日：____年____月____日

年齡：□20歲以下 □21～30歲 □31～40歲 □41～50歲 □51歲以上

職業：1.□學生 2.□軍公教 3.□大眾傳播 4.□服務業 5.□金融業 6.□製造業
7.□資訊業 8.□自由業 9.□家管 10.□退休 11.□其他

學歷：□國小或以下 □國中 □高中／高職 □大學／大專 □研究所以上

通訊地址：____

電話：（H）______________（O）______________ 傳真：______________

行動電話：______________________E-Mail：______________________

◎謝謝您購買本書，也歡迎您加入我們的會員，請上大都會文化網站 www.metrobook.com.tw 登錄您的資料。您將不定期收到最新圖書優惠資訊和電子報。

有一種財富叫智慧2

北區郵政管理局
登記證北台字第9125號
免貼郵票

大都會文化事業有限公司
讀者服務部 收
11051台北市基隆路一段432號4樓之9

寄回這張服務卡〔免貼郵票〕
您可以：
◎不定期收到最新出版訊息
◎參加各項回饋優惠活動

大都會文化
METROPOLITAN CULTURE

大都會文化
METROPOLITAN CULTURE